GARTENKÜCHE
Eier und Geflügel

Wir danken allen, die sich die Zeit genommen haben, uns etwas beizubringen. Jetzt können wir das Gelernte an Indy und alle anderen weitergeben, die sich dafür interessieren.

© 2012 der deutschen Ausgabe DuMont Buchverlag, Köln

Die Originalausgabe erschien 2012 unter dem Titel
Made at Home. Eggs and Poultry
bei Mitchell Beazley, Teil der Octopus Publishing Group Ltd
Endeavour House, 189 Shaftesbury Avenue, London WC2H 8JY

© 2012 Octopus Publishing Ltd
© 2012 Text: Dick and James Strawbridge,
Jera Enterprises Ltd 2012

Alle Rechte vorbehalten

Deutsche Ausgabe
Verlagskoordination: Susanne Philippi, Vera Maas
Projektmanagement: Nazire Ergün, Antje Seidel
Übersetzung: Franz Leipold
Lektorat: Sebnem Yavuz
Satz: Birgit Beyer
Umschlaggestaltung: Francesca Rossi

ISBN 978-3-8321-9463-5

www.dumont-buchverlag.de

Printed in China

Frieda
Trude
Tilda

Weder die Autoren noch der Verlag haften für Verletzungen oder Schäden, die durch die Anwendung der in diesem Buch vorgestellten Techniken entstehen könnten.

In allen Rezepten werden Standardlöffelmaße angegeben:
1 Esslöffel = 15 ml
1 Teelöffel = 5 ml

Der Backofen sollte immer auf die angegebene Temperatur vorgeheizt werden. Bei einem Gasherd lesen Sie bitte vor der Einstellung von Zeit und Temperatur die Gebrauchsanweisung Ihres Ofens durch. Der Backofengrill sollte ebenfalls vorgeheizt werden.

In diesem Buch finden sich Rezepte, in denen Nüsse und Spuren von Nüssen enthalten sind. Menschen, die an einer Nussallergie leiden, und Personen, die möglicherweise durch diese Allergien gefährdet sein könnten, wie Schwangere, stillende Mütter, Kranke und Rekonvaleszenten, ältere Menschen, Säuglinge und Kinder, sollten auf Gerichte mit Nüssen und Nussölen verzichten.

Prüfen Sie bei Fertigprodukten immer die Zutatenliste auf mögliche Nussbestandteile.

Gesundheitsbehörden raten vom Verzehr roher Eier ab. Dieses Buch enthält allerdings Rezepte, in denen rohe oder nur leicht gekochte Eier verwendet werden. Schwangere, stillende Mütter, Kranke und Rekonvaleszenten, ältere Menschen, Säuglinge und Kleinkinder sollten auf diese Gerichte verzichten.

GARTENKÜCHE

Dick & James Strawbridge

Eier und Geflügel

DUMONT

INHALT

6
EINLEITUNG

12
VORBEREITUNG: GEFLÜGELHALTUNG

16
HÜHNER

38
ENTEN

58
GÄNSE

74
TRUTHÜHNER

90
REZEPTE

170
REGISTER

176
BILDNACHWEIS

EINLEITUNG

Geflügel zu halten war schon immer unsere große Leidenschaft. Die meisten unserer Hühner, Enten, Gänse und Truthühner waren zwar nicht gerade die allergescheitesten Tiere, aber es gab doch einige mit Charakter unter ihnen. Unsere ersten Hühner haben wir von einer Farm „gerettet", auf der sie unter schlechten Bedingungen existieren mussten. Das klingt edel, dabei war es eigentlich nur eine Art „Bezahlung", und so haben wir drei Hühnern zu einem besseren Leben verholfen.

Das ist jetzt fast 30 Jahre her. Flora, Frieda und Felicity waren frei laufend und legten große Eier. Nachdem die Mädels vorher in einem Käfig mit nicht mal einem halben Quadratmeter auskommen mussten, erschien ihnen unser Garten wohl als Paradies. Als wir sie am ersten Tag freiließen, bewegten sie sich gar nicht. Es dauerte einige Stunden, ehe sie anfingen, zu scharren und auf Entdeckungstour zu gehen; von da an hatten sie eine tolle Zeit. Da wir uns spontan für die Hühner entschieden hatten, mussten wir ihnen auf die Schnelle ein neues Heim schaffen. Das Hühnerhaus war alles andere als professionell, aber trocken, zugfrei und groß genug, damit sich die Hühner setzen und legen konnten. Es kostete nichts; wir mussten lediglich etwas Hühnerdraht für einen kleinen Außenbereich besorgen (dies sollte genügen, da die Mädels die meiste Zeit im Garten und in den Hecken scharrten).

Von Rechts wegen hätten wir in unserem Garten wahrscheinlich gar keine Hühner halten dürfen, da er nur gemietet war. Viele unserer Nachbarn waren stolz auf ihre ordentlichen Liegewiesen und Blumenbeete, während bei uns das Gemüse wucherte, die Hühner große Eier legten und dementsprechend große Kothaufen absetzten. Doch wir erinnerten uns an das alte Sprichwort „Wo ein Wille ist, ist auch ein Weg" und haben seitdem Hühner gehalten.

Wir besorgten einen jungen Hahn, und eine Henne brütete unsere ersten Küken aus. In einer Nachbarschaft, die nichts anderes erwartet als einen sauber gemähten Rasen, waren wir uns durchaus der Gefahr bewusst, dass unsere Schar zunehmend lauter wurde. Eines frühen Morgens ging uns der Weckruf unserer Hähne durch Mark und Bein; da wussten wir, es war Zeit für den Kochtopf. Junge Hähne sind sehr mager, vor allem, wenn sie nicht gemästet werden und frei laufend sind. Sie schmeckten vorzüglich.

WOMIT ANFANGEN?

Wer Bücher zum Thema Geflügelhaltung liest, bekommt das nötige Selbstvertrauen, um es anzugehen. Doch nur wer in die Praxis einsteigt, kann herausfinden, ob es Spaß macht. Es geht nicht darum, seine Tage mit dem Einsammeln von Hühnern zu verbringen – es gibt Wochen, in denen wir einen Vogel nicht mal anfassen –, sondern „Hühnerhaltung" bedeutet vielmehr, die Vögel dazu zu bringen, das zu tun, was Sie von ihnen wollen. Unsere Hühner ziehen normalerweise morgens auf Erkundung aus und gehen abends eigenständig schlafen, aber immer noch enden manche auf der falschen Seite des Gatters oder gehen nicht rechtzeitig schlafen, sodass wir sie entweder in ihren Stall zurücktreiben oder aufnehmen und reinsetzen müssen.

Enten und Gänse dagegen gehen niemals aus eigenem Antrieb schlafen und sie müssen wegen der Füchse nachts eingeschlossen werden. Gewöhnlich haben wir nur wenige Truthähne – vielleicht ein Dutzend. Sie müssen für die Nacht ganz ruhig in ihren Verschlag geleitet werden. Unsere Tage sehen so aus, dass wir die Tiere am Morgen füttern und herauslassen und dafür sorgen, dass sie abends alle wieder sicher in ihrem Stall sind. Solch eine Routine ist schnell eingeführt, auch wenn es anfangs etwas länger dauert, besonders in den ersten Nächten, nachdem die Jungvögel da sind. Genauso wie Sie Nägel und Sporen schneiden müssen, werden Sie es irgendwann mit einem kranken Vogel zu tun haben, den Sie zu seinem eigenen Besten einfangen müssen. Je mehr Sie sich Ihrem Geflügel widmen, desto leichter wird Ihnen der Umgang fallen, und irgendwann nehmen Sie einen Vogel einfach hoch, auch wenn das bei einem großen, griesgrämigen Gänserich oder einem gar 25 Pfund schweren Truthahn nicht so einfach ist.

VORTEILE DER GEFLÜGELHALTUNG

Es gibt viele Gründe, um Geflügel zu halten. Vielleicht möchten Sie einfach wissen, woher die Eier und das Fleisch auf Ihrem Tisch stammen? Es gibt viele Möglichkeiten, Geflügel zu halten und unterzubringen. So ist die Hühnerhaltung in letzter Zeit immer populärer geworden. Außer für Flora, Frieda und Felicity war der Bau von Ställen und Gehegen für uns immer Teil der Vorbereitung auf Neuankömmlinge, und sie sicher unterzubringen kann sehr ökonomisch sein.

Geflügel zu halten macht uns großen Spaß. Eier und Fleisch sind von höchster Qualität. Wenn Sie Eier und Fleisch Ihrer Tiere für sich selbst verwenden, sollten Sie ihnen auch gerecht werden und daraus leckere Gerichte zaubern. Lecker heißt nicht unbedingt kompliziert: Wenn Sie zum ersten Mal ein gekochtes Gänseei auf Toast essen, werden Sie staunen, was Sie bisher versäumt haben. Zum Frühstück cremiges Rührei aus dem goldenen Dotter Ihrer eigenen Hühner ist ein wahrer Genuss! Es wird Ihnen nirgendwo anders besser schmecken. Außerdem ist es sehr bequem, Fleisch aus eigener Schlachtung zu haben; dabei probieren wir alles aus, das ist unsere Einstellung. Es lohnt die Mühe, einen Vogel zu zerlegen. Wenn Sie beispielsweise einen Truthahn ausnehmen und füllen möchten, gehen Sie genauso vor wie bei einem Huhn – der Truthahn ist lediglich größer und daher etwas weniger knifflig. Und vergessen Sie nicht: Selbst wenn Sie einen Fehler machen, kann der Vogel immer noch großartig schmecken. Wenn Sie etwas Fleisch an der Karkasse gelassen haben, können Sie es immer noch abkratzen, zur Füllung hinzugeben und sagen, Sie hätten es absichtlich so gemacht. Was auch immer Sie tun, genießen Sie die Tatsache, dass Sie die Kontrolle über Ihr Essen haben und genau wissen, woher es stammt.

Dick & James

VORBEREITUNG:
GEFLÜGELHALTUNG

Die meisten beginnen mit der Geflügelhaltung, weil es für sie nichts Besseres gibt als ein frisches Ei von einem glücklichen Huhn. Außerdem wird ein Huhn, das mit Bedacht und viel Liebe aufgezogen wurde, köstlich schmecken. Bevor Sie sich entschließen, Hühner oder Truthähne wegen des Fleisches zu halten, sollten Sie sich darüber im Klaren sein, was auf Sie zukommt. Die Geflügelhaltung ist mitunter eine schmutzige, übel riechende Angelegenheit und sie wird die Einstellung zu Ihrer Nahrung verändern – wenn Sie Ihr Mittagessen jeden Tag im Garten umherlaufen sehen, ist es schwierig, sich vorzumachen, dass Fleisch in Plastikfolie eingewickelt geliefert wird.

Bevor Sie sich für ein bestimmtes Geflügel entscheiden, sollten Sie zuerst einmal überlegen, ob Sie überhaupt genügend Platz dafür haben. Ein winziger Stall und ein kleiner Auslauf für ein paar Hennen sind eine Möglichkeit, aber ideal ist das nicht – für uns heißt frei laufend so viel wie Freiheit. Wir haben einige kleinere Hühnerhäuser gebaut, um brütende Trios (ein Hahn und zwei Hennen) zu isolieren; doch wir sondern sie nur für relativ kurze Zeit ab und lassen sie bei gutem Wetter draußen herumstreunen. Natürlich kann man auch auf kleinem Raum gesunde und zufriedene Hühner halten, aber es ist aufwendiger. Ein kleiner, tragbarer Hühnerstall bietet Auslauf und versorgt Ihre Hühner mit frischen Pflanzen, indem Sie ihn einfach auf Ihrem Grundstück versetzen. Dadurch haben Sie die Plätze, an denen die Hühner scharren, unter Kontrolle, da sie einen winzigen Fleck rasch in blanke Erde verwandeln können.

Achten Sie darauf, dass Sie genügend Platz haben, um Ihre Ziele umzusetzen. Sie müssen Hühnerstall und Auslauf berücksichtigen. Wenn Sie zu viele Vögel halten, werden sie die Bodenvegetation zerstören, ganz gleich, wie viel Raum sie zur Verfügung haben. Kleine versetzbare Ställe mit Auslauf eignen sich für Hühner oder Zwerghühner, größeres Geflügel benötigt jedoch eine geräumigere Unterkunft: Die Ställe sollten luftig, zugfrei und trocken sein, mit ausreichend Stangen und Nestboxen. Sie können fast jedes beliebige Material für ein Geflügelhaus verwenden – Holzbretter oder Sperrholz, Backsteine oder Lochziegel, ja sogar Massivsteine, Wellblech oder Dachpappe. Strohballen sind allerdings weniger geeignet, da sie Ratten und Mäuse anziehen, und größere Enten und Gänse werden von allerlei kleinerem Ungeziefer heimgesucht. Wenn Sie Ihren Bestand vergrößern wollen, sollten Sie im Voraus planen und ausreichend

Material besorgen; dadurch können Sie Ihre Ställe im gleichen Design bauen, und Ihre Anlage sieht nicht wie ein Barackenviertel aus.

Es gibt die unterschiedlichsten Typen von Futter- und Wasserspendern. Die billigen leichten Plastikgefäße sind nur für gelegentlichen Einsatz geeignet; wir bevorzugen eine gute Qualität, am besten verzinkt – einige unserer Futterspender sind über 20 Jahre alt und leisten immer noch gute Dienste. Um die Kosten zu senken, können Sie sie auch aus zweiter Hand kaufen, beispielsweise auf einer Versteigerung landwirtschaftlicher Geräte.

GEFLÜGEL KAUFEN

Geflügel zu kaufen macht viel Spaß. Züchtern gefällt es immer, wenn sie gute Ratschläge geben dürfen. Falls Sie also glauben, die Zeit sei reif – und auch schon ziemlich sicher wissen, welche Vögel Sie halten möchten –, suchen Sie einen Züchter auf – allerdings mit der festen Absicht, nichts zu kaufen. Bleiben Sie standhaft, denn wenn Sie eine Henne im Legealter kaufen möchten, die frische Eier für die ganze Familie liefert, dann sollten Sie nicht mit einem hübschen Zwerghuhn zurückkehren, das weniger und kleinere Eier legt, nur weil keine von den Rassen, die Sie im Auge hatten, verfügbar war und die jungen Bantams Ihre Aufmerksamkeit erregten.

Es lohnt sich auch, eine Geflügelauktion zu besuchen. Hier können Sie eine große Bandbreite an Vögeln bewundern und einen Eindruck gewinnen, wie groß die von Ihnen gewählte Art werden kann. Außerdem besteht hier die Möglichkeit, sich mit Experten zu unterhalten. Zudem können Sie auf einer Auktion bebrütete Eier von einem Lieferanten vor Ort kaufen, den Sie persönlich in Augenschein nehmen können.

ENTEN & GÄNSE HALTEN

Alle Geflügelarten benötigen Wasser, aber Enten und Gänse brauchen jede Menge davon zum Schwimmen. Vor dem Umzug auf unseren kleinen Hof haben wir weder Enten noch Gänse gehalten, weil wir ihnen keine passende Umgebung bieten konnten. Anstatt jeden Tag irgendwelche Wasserbehälter zu füllen, lohnt es sich, über eine automatische Wasserversorgung nachzudenken, um Ihre Arbeitsbelastung zu reduzieren. Wir haben unseren kleinen Bach erweitert und einen ganz ansehnlichen Teich ausgegraben. Der Bach führt ständig frisches Wasser zu und verhindert, dass der Teich zu einem stehenden Gewässer wird – ansonsten würden sich die Exkremente der Enten und Gänse am Teichboden ansammeln, und in kürzester Zeit würde das Gewässer übel riechen.

Es ist sehr wichtig, den Wasserfluss und die Lage von Teichen bei der Haltung von Enten und Gänsen zu berücksichtigen; dabei müssen Teiche nicht unbedingt in der Nähe von Fließgewässern liegen: Einer unserer Teiche bekommt sein Frischwasser mithilfe einer selbst konstruierten hydraulischen Widderpumpe. Sie liefert zwar nur eine begrenzte Menge, aber dafür pumpt sie kontinuierlich Tag und Nacht, sodass der Teich immer gut gefüllt ist. Er liegt auf halber Höhe eines Hügels, dadurch kann überschüssiges Wasser gut ablaufen.

GEFLÜGEL ZÜCHTEN

Wahrscheinlich glauben Sie, man bräuchte für die Zucht lediglich einen Hahn und ein paar Hennen, und dann würde die Natur schon ihren Lauf nehmen. Doch auch hier ist eine gute Vorbereitung wesentlich: Eine brütende Henne zu nehmen ist wahrscheinlich der sicherste Weg, damit aus den Eiern auch Küken schlüpfen. Bei einer brütenden Henne zeigt die biologische Uhr genau den Zeitpunkt an, an dem sie genügend Eier gelegt hat und bereit ist, diese warm zu halten, bis die Küken schlüpfen – die Brust einer brütenden Henne hat eine höhere Temperatur, was ihre Aufgabe erleichtert. Manche Rassen, die speziell für das Eierlegen gezüchtet wurden, zeigen einen stark verminderten Bruttrieb, dagegen geben Mischrassen oder Bantam-Zwerghühner gewöhnlich gute Bruthennen ab. Wahrscheinlich werden Sie eine Saison benötigen, um herauszufinden, welche Ihrer Hennen sich gut fürs Brüten eignet. Ein sicheres Zeichen: Sie wird eine Nestbox besetzen und sich weigern, sie zu verlassen – sie kann sogar nach Ihnen picken, falls Sie versuchen, sie herauszuheben.

Wenn Sie einen Hahn der richtigen Rasse und gesunde Hennen haben, die nicht mit ihm verwandt sind, müssen Sie lediglich die be-

besorgt, das viel leichter zu reinigen ist. Unter anderem wegen der Hitze und Luftfeuchtigkeit ist das Ausbrüten von Eiern ein ziemlich unangenehmes Geschäft – vor allem dann, wenn die Küken zu schlüpfen beginnen.

Wir haben erfolgreich unsere eigenen Hühner-, Enten- und Gänseeier ausgebrütet, aber wir haben es noch nie mit den Eiern von Truthühnern versucht. Wir überlassen es anderen, unsere Truthühner durch den ersten Lebensabschnitt zu begleiten, und kaufen junge Tiere im Alter von 5–6 Wochen – dann sind sie groß genug, und man benötigt auch keinen Heizstrahler, um sie warm zu halten. Außerdem gibt es noch ein kleines Problem: Wir essen unsere Truthühner normalerweise, bevor sie mit dem Brüten beginnen.

GEFLÜGEL ZUBEREITEN

Wir empfehlen Ihnen, alle Kapitel über das Zubereiten von Geflügel zu lesen und die Ratschläge auszuprobieren, ehe Sie Ihre ersten Vögel halten. Wir betreiben seit Jahren unsere eigene Metzgerei. Nur durch Praxis gewinnt man Sicherheit und entwickelt Routine.

Auch wenn es selbstverständlich klingt: Sie benötigen auf jeden Fall gute, scharfe Messer. Die Zahl ist dabei gar nicht entscheidend: ein Ausbeinmesser, ein Kochmesser und ein Schälmesser (ein Filetiermesser und ein Fleischermesser können zusätzlich noch von Vorteil sein).

Achten Sie darauf, dass ihre Messer immer gut geschärft sind. Beim Entbeinen werden Sie das Messer mehrmals nachschärfen müssen, da der Kontakt mit dem Knochen die Klinge stumpf werden lässt. Es gibt viele Qualitätsmesser auf dem Markt, suchen Sie sich aus, was Ihnen gefällt.

fruchteten Eier einsammeln und einer brütenden Henne unterschieben. Ein Hahn garantiert, dass die Eier seiner Hennen befruchtet sind, denn das ist schließlich seine „Lebensberechtigung". Der Trick ist also, die Eier der Hennen einzusammeln, die sie mit dem Hahn zur Zucht bringen wollen – das klingt einfach, aber Hennen neigen normalerweise dazu, die Eier zusammen zu legen. Deshalb müssen Sie Ihre Anlage so planen, dass Sie die Hennen absondern können.

Sobald Ihr Entschluss feststeht, eigene Küken ausbrüten zu lassen, sollten Sie über die Anschaffung eines Brutapparats nachdenken. Unser erster Brutkasten war eine einfache Kiste mit einem Heizstab und einem Thermostat. Wir mussten das Wenden der Eier selbst besorgen und auf die korrekte Luftfeuchtigkeit achten. Der Brutkasten verlangte ständige Aufmerksamkeit, und wir waren äußerst sorgfältig. Mittlerweile haben wir uns ein Modell

1
HÜHNER

WISSENSWERTES
HÜHNER

Warum sollte man Hühner halten? Auf der ganzen Welt ist die Hühnerhaltung seit Tausenden von Jahren verbreitet. Griechen, Ägypter, Chinesen und Römer wussten die Vorteile eigener Hühner in Form von Eiern und Fleisch sehr wohl zu schätzen. Heute wird immer noch Geflügel gehalten, und zwar unabhängig davon, ob man in der Stadt oder auf dem Land wohnt. Wir halten seit Jahren Hühner an ganz unterschiedlichen Orten. Selbst im kleinen Hinterhausgarten eines Miethauses würden wir beim Einzug schnell einen Stall für unsere Hühnerschar zusammenzimmern. Wie auch immer, sollten Sie zum Frühstück gern Eier essen, gibt es sicherlich keine, die so gut und so frisch schmecken wie die Ihrer eigenen frei laufenden Hühner.

VORTEILE
- Leicht zu halten, wenig anfällig für Krankheiten. Eier und Fleisch schmecken delikat!
- Kostenloser Hühnermist, der einen wunderbaren Aktivator für Kompostbehälter abgibt.
- Im zeitigen Frühjahr fressen Hühner Larven und andere Schädlinge im Gewächshaus oder im Umkreis der Gemüsebeete.

NACHTEILE
- Sie müssen die Tiere morgens herauslassen und am Abend wieder in den Stall setzen.
- Kosten für Futtermittel.
- In einem kleinen Garten ist die Gefahr groß, in Hühnerkot zu treten.

GRUNDLAGEN
Ehe Sie losziehen und Hühner kaufen, müssen Sie als Erstes entscheiden, welche Rasse und wie viele Tiere Sie halten möchten. Im Allgemeinen stellen wir unsere kleine Schar aus reinrassigen Hühnern und einigen Kreuzungen zusammen. Letztere sind hervorragende Eierleger und finden sogar in kommerziellen Hühnerfarmen Verwendung. Sie können mit vielen Eiern rechnen, während die traditionellen Rassen interessanter aussehen und eher als Bruthennen eingesetzt werden können. Wir tendieren zu Bantams, einer kleineren Rasse, ähnlich wie Light Sussex und Rhode Island Red. Sie legen kleinere Eier und werden deshalb von kommerziellen Hühnerhaltern weniger geschätzt. Dafür haben Sie andere Vorteile: Die Futterkosten sind niedriger, und sie benötigen weniger Platz.

HINWEISE
- Halten Sie nicht mehr Hühner, als Sie brauchen. Der Stall sollte nicht überfüllt sein.
- Platzieren Sie die Sitzstangen versetzt übereinander.
- Verfüttern Sie keine Küchenabfälle, die kontaminiert sein könnten.
- Achten Sie auf genügend Frischwasser.
- Schützen Sie Ihre Hühner durch einen Zaun vor Raubtieren.
- Sperren Sie Ihre Hühner nachts ein.
- Bieten Sie Ihren Hühnern ein Staubbad an.
- Reinigen Sie regelmäßig den Stall.
- Kürzen Sie die Sporne beim Hahn mit einem Nagelclip, wenn sie zu lang geworden sind.

Hühner benötigen Futter, Streu und Wasser.

GRUNDAUSSTATTUNG
- Hühnerdraht oder elektrischer Zaun
- Verzinkter Futterspender
- Wasserbehälter
- Stroh
- Sägespäne
- Kiste mit Muschelgrit oder Austernschalen
- Stall
- Sitzstangen
- Nestbox
- Staubbad

WELCHE RASSE?
- Rhode Island Reds sind gute Eierleger.
- Light-Sussex-Hühner sind eine hübsche alte englische Rasse; auch diese Vögel erfüllen mehrere Zwecke gleichzeitig.
- Cuckoo Marans zählen zu unseren Lieblingshühnern. Sie sind ziemlich robust und legen große, braun gefärbte Eier. Sie brauchen einen guten Zaun, da sie gerne ausbüchsen.
- Warren-Hühner sind eine bewährte Hybridrasse und legen sehr gut.
- Black Rocks sind ebenfalls eine sehr empfehlenswerte Kreuzung.
- Buff Orpingtons sind friedliche Vögel, die kleinere Eier legen. Wenn sie keine Bruthenne möchten, sollten Sie diese Rasse nicht nehmen.

EINEN TAG ALT
Wichtig ist das Alter der Küken, die Sie erwerben möchten. Einen Tag alte Küken sind sehr billig, denn sie wurden noch nicht gesext, das heißt nach Geschlecht getrennt. Sie merken erst später, welche Küken zu einem Hahn heranwachsen. Das ist eine gute Methode für Einsteiger, falls Sie die Vögel wegen des Fleisches halten möchten, aber nicht geeignet, wenn Sie in erster Linie an vielen Eiern interessiert sind. Es erfordert außerdem zusätzliche Kosten, junge Küken warm zu halten und zu füttern, bis sie den Zeitpunkt erreicht haben, an dem sie mit dem Legen beginnen.

JUNGHÜHNER
Junghühner sind zwischen 8 und 20 Wochen alt. Sie benötigen etwas mehr Futter, ehe sie zu legen beginnen, aber das Alter ist für einen Kauf perfekt.

JUNGHÜHNER ZUM LEGEBEGINN
Im Alter von 20 Wochen fangen Hühner an, Eier zu legen. Diesen Zeitpunkt bezeichnet man als Legebeginn. Es lohnt sich unserer Meinung nach, einige Hühner zu kaufen, die diesen Punkt erreicht haben, wenn Ihre bisherigen Hennen überaltert sind und Sie mehr Eier pro Tag möchten. Die erste Legesaison ist normalerweise am produktivsten, allerdings müssen Sie für Hühner am Legebeginn tiefer in die Tasche greifen. Vorsicht, wenn sie mit dem Legen beginnen – anfangs können die Eier eine äußerst dünne Schale haben und unregelmäßig oder seltsam geformt sein. Versorgen Sie Ihre Hennen mit Muschelgrit, damit sie kräftige Eierschalen ausbilden.

FUTTER
Üblicherweise laufen die Hühner im Hof herum, meist in Nähe der Küche, und werden mit Küchenabfällen und Getreidekörnern gefüttert. Wir geben ihnen zusätzlich Reste von rohem Gemüse. Sie können die Kost frei laufender Hühner, die aus Samen, Insekten und anderen Krabbeltieren besteht, mit einer Mischung aus verschiedenen Getreidesorten und Pellets ergänzen. Hühnerpellets unterstützen die Hennen, mehr Eier zu legen. Sie werden über einen röhrenförmigen Futtermittelspender gegeben, der im Stall frei über dem Boden hängt, sodass er vor Kot und Ratten geschützt ist. Der Spender gibt die

Pellets so langsam aus, dass es genügt, ihn einmal pro Woche nachzufüllen. Stellen Sie auch einen kleinen Topf mit Muschelgrit auf; dies unterstützt die Zerkleinerung der Nahrung im Muskelmagen und verhindert Kalziummangel – und damit dünne Eierschalen.

WASSER
Es ist sehr wichtig, dass Hühner sauberes Wasser bekommen. Ein automatischer Wasserspender spart dabei viel Zeit. Wenn Sie jedoch das Wasser per Hand nachfüllen, sollten Sie darauf achten, dies jeden Tag zu tun.

FREI LAUFEND
Versuchen Sie, Ihren Hühnern so viel Freiraum wie möglich zu geben. Für einen kleinen Garten heißt das, die Hühner in einem beweglichen Haus mit abgedecktem Auslauf zu halten. In einer Vorstadtsiedlung sollten Sie den Auslauf am Morgen öffnen und den Hühnern damit Zugang zu einem größeren Teil des Gartens bieten; nachts sperren Sie sie wieder ein. Am besten ist es, ihnen einen bestimmten Bereich zu überlassen, in dem sie sich frei bewegen können (siehe Seite 24–25).

EINEN HAHN HALTEN
Ein Hahn ist ideal, um eine frei laufende Hühnerschar zusammenzuhalten. Er leitet die Hühner und schützt sie vor Raubtieren. Ein Hahn bietet die Möglichkeit, mehr Küken aufzuziehen, wenn Sie eine Henne brüten lassen. Der Nachteil ist, dass ein Hahn ziemlich laut sein kann. Wenn Sie ihn davon abhalten wollen, nachts Lärm zu machen, bauen Sie den Stall so, dass er über seiner Sitzstange ein niedrigeres Dach hat. Dadurch kann er seinen Kopf nicht hochheben und krähen. Bedenken Sie auch, ob es Ihren Nachbarn gefallen wird, wenn Sie auf engem Raum einen Hahn halten. Wir möchten uns nachträglich bei all unseren direkten Nachbarn dafür entschuldigen!

METHODE 1
HÜHNERSTÄLLE & GEHEGE

Hühner zu halten erfordert nicht viel Platz. Sie benötigen einen Stall, wo sie sich nachts zum Schlafen niederlassen können und der ihnen Unterschlupf und Schutz bietet. Tagsüber brauchen sie einen Auslauf. Manche Hühnerhäuser haben einen internen Auslauf, bei anderen besteht dieser aus einem mit Hühnerdraht umwickelten Holzrahmen, der direkt ans Haus stößt und denselben Zweck erfüllt.

EIN HÜHNERHAUS PLANEN

Wenn Sie Ihr eigenes Hühnerhaus planen und bauen, ist das wichtigste Ziel, einen bequemen, zugfreien, gut durchlüfteten und vor Raubtieren sicheren Ort zu schaffen, an den sich die Vögel nachts zurückziehen können.

Als Erstes legen Sie die Größe fest. Dabei ist es besser, das Haus zu groß als zu klein zu bauen. Überbelegung kann die Gesundheit und die Produktivität der Vögel beeinträchtigen. Bei einem externen Auslauf ist ein Platz von 0,2 Quadratmetern pro Vogel ein gutes Maß.

Alle Geflügelarten außer Enten und Gänse benötigen nachts einen Ruheplatz. Für die Sitzstangen ist ein Durchmesser von 5 cm empfehlenswert. Sie sollten so angebracht sein, dass herabfallender Kot kein Problem darstellt. Außerdem sollte man sie bei Hühnerkrankheiten herausnehmen und notfalls verbrennen und ersetzen können.

Sie benötigen mindestens zwei Nestboxen oder wenigstens eine für jeweils drei Vögel. Jede Box sollte einem Quadrat von 30 cm Seitenlänge entsprechen. Individuelle Nestboxen sind vorteilhafter als gemeinsame; sie sollten an der Vorderseite einen 7,5 cm hohen Rand aufweisen. Falls Ihre Konstruktion dafür

Ein roter Kamm und strahlende Augen sind Anzeichen, dass die Henne legt.

groß genug ist, sollten Sie einen äußeren Zugang zu den Nestboxen vorsehen; dadurch wird das Einsammeln der Eier leichter.

Der Hühnereingang wird meist als Auslauföffnung bezeichnet. Wir verwenden zwei verschiedene Typen: eine gewöhnliche Klapptür und eine hölzerne Schiebetür, die in einer

EIN EINFACHER HÜHNERSTALL

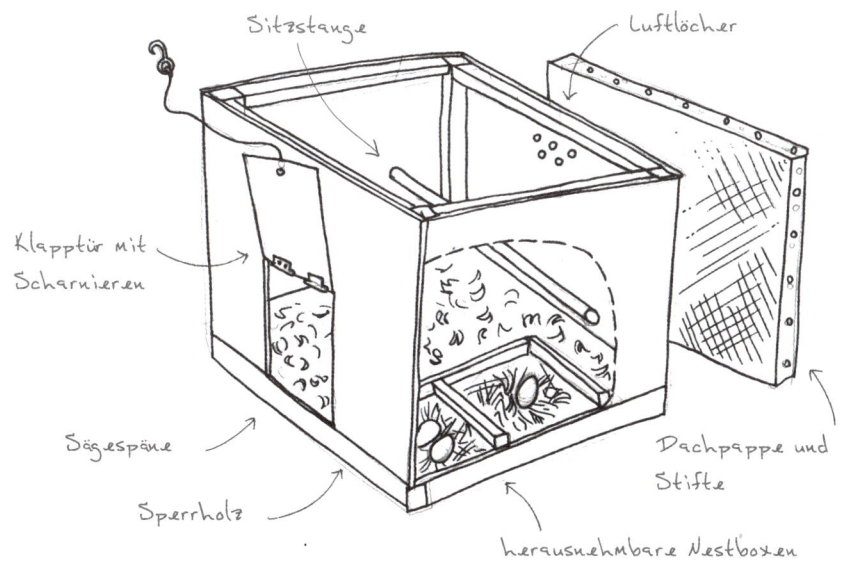

- Sitzstange
- Luftlöcher
- Klapptür mit Scharnieren
- Sägespäne
- Sperrholz
- Dachpappe und Stifte
- Herausnehmbare Nestboxen

Ein bewegliches Hühnerhaus muss regelmäßig versetzt werden.

Gleitschiene läuft. Die vertikale Schiebetür schließt durch die Schwerkraft; diese reicht aus, damit Raubtiere wie etwa ein Fuchs die Tür nicht ausheben können.

DER RICHTIGE PLATZ

Der Platz sollte auf jeden Fall trocken sein; ist der Untergrund zu feucht, muss das Haus vom Boden abgehoben werden, was dann den zusätzlichen Vorteil hat, dass Ratten kein Versteck finden. Wenn Sie das ganze Jahr über Eier möchten, sollte der Platz in der Nähe einer Steckdose liegen. So können Sie auch im Winter für genug Licht sorgen. Achten Sie darauf, dass der vorherrschende Wind nicht direkt in das Hühnerhaus bläst. Das Hühnerhaus sollte dort aufgestellt werden, wo es auch für Sie selbst zweckmäßig und bequem zu erreichen ist, wenn Sie morgens und abends zu den Hühnern gehen.

EIN HÜHNERHAUS BAUEN

Ein Geflügelhaus ist relativ einfach zu bauen – Sie benötigen Säge, Hammer, Nägel und Klammern, Schrauben und Schraubenzieher sowie Holz, Scharniere und Hühnerdraht. Sie können das Haus entweder mit vollständig neuem Material bauen oder dafür die Dinge verwenden, die sich bei Ihnen angesammelt haben. Ihre Hühner werden sich nicht beschweren, wenn die Unterkunft nach Barackensiedlung aussieht, vorausgesetzt, Sie halten sich an die wichtigsten Grundregeln.

Die Innenseite sollte glatt sein und möglichst wenig Risse und Spalten aufweisen. Diese bilden nämlich gute Schlupfwinkel für Milben, welche die Gesundheit Ihrer Vögel beeinträchtigen können. Verwenden Sie Dichtungsmasse aus Silikon oder bleifreie Farbe, um die Spalten zu verschließen. Das Haus sollte so angelegt sein, dass die Vögel vor Zugluft geschützt sind; für einen größeren Schuppen empfiehlt es sich, ein aufklappbares Fenster anzubringen, damit Sie ihn gut durchlüften können. Das Dach können Sie nach Belieben konstruieren – achten Sie nur darauf, dass es schräg abfällt und stabil genug ist, um etwa eine Schneelast zu tragen.

EIN GEHEGE PLANEN

Man mag meinen, dass es am besten ist, den Vögeln uneingeschränkten Zugang nach draußen zu gewähren. Allerdings gilt es, einige wichtige Punkte zu bedenken, wobei der Schutz vor Raubtieren an erster Stelle steht. Eine Gefahr stellen vor allem Füchse dar; deshalb sollten Sie in einen elektrisch gesicherten Zaun investieren.
Ein weiterer Nachteil eines unkontrollierten Auslaufs: Irgendwann legen die Hühner ihre Eier nicht mehr in ihren Nestboxen, sondern draußen an einem versteckten Platz ab. Dieses

Hühnervögel sind ursprünglich im Wald zu Hause. Wir halten unsere Hühner in einem Weidengehölz, das im Sommer Schatten spendet und im Winter vor den Unbilden des Wetters schützt. Sie fühlen sich dort sehr wohl. Das gesamte Gehege ist von einem elektrischen Zaun umgeben. (Wir haben gehört, man könne Füchse abhalten, wenn man entlang der Grenzen pinkelt. Der wirksamste Urin kommt anscheinend von Leuten, die Fleisch essen …)

DAS GEHEGE EINZÄUNEN

Um das Gehege zu schützen, umzäunen Sie es mit Maschendraht. Dabei können Sie den Zaun höher oder niedriger setzen und eine Abdeckung aus Draht über das Gehege ziehen. Damit der Zaun auch einen Fuchs abhält, müssen Sie zuerst einen Graben von wenigstens 15 cm Breite und Tiefe rund um das Gehege ausheben. Der Zaun sollte 2 m hoch sein und an der oberen Kante einen Streifen in einer Breite von 45 cm aufweisen, der in einem Winkel von 45 Grad nach außen ragt. Der Maschendraht muss bis zum Boden des Grabens reichen. Sobald der Zaun hochgezogen ist, können Sie den Graben mit Erde füllen. Dadurch wird verhindert, dass sich Raubtiere unter dem Zaun durchgraben.

Ein elektrischer Zaun schützt die Hühner, verhindert aber auch, dass sie das Gehege verlassen. Sie benötigen eine Verbraucherbatterie (eine Batterie, die viele Male ge- und entladen werden kann – eine Autobatterie ist ungeeignet), ein Elektrozaungerät, das für die gesamte Zaunlänge groß genug ist, und Hühnerdraht, der am Boden kleinere Maschen als an der oberen Kante aufweist. Am besten mähen Sie das Gras entlang der Linie, wo Sie den Zaun setzen möchten.

Wenn diese Weiden herangewachsen sind, geben sie einen guten Unterschlupf für Hühner ab.

Problem können Sie dadurch lösen, dass Sie die Hühner bis Mittag drinnen behalten, das Eierlegen abwarten und sie erst am Nachmittag nach draußen lassen. Sie können auch ein Lockei kaufen, um die Hennen zu ermutigen, ihre frischen Eier daneben abzulegen.

Ein scharrendes Huhn kann ein Beet, in dem Samen oder Jungpflanzen ausgebracht wurden, im Nu verwüsten. Anscheinend haben Hühner eine Vorliebe für die kultivierten Bereiche eines Grundstücks. Obwohl der Zugang zu frischer Vegetation und die Möglichkeit, im Boden nach Larven zu scharren, für die Gesundheit der Hühner sehr wichtig sind, müssen Sie dem Umherstreifen Grenzen setzen – auf welche Weise hängt davon ab, wie viel Platz Sie zur Verfügung haben.

METHODE 2
SCHÄDLINGE & KRANKHEITEN

Die Hühnerhaltung bereitet normalerweise keine besonderen Schwierigkeiten, denn Hühner sind robust und kommen mit den meisten Witterungsbedingungen gut zurecht. Probleme können auftreten, wenn der Stall nicht sauber und das Futter nicht abwechslungsreich ist oder wenn die Tiere nicht durch einen Zaun geschützt werden. All diese Dinge lassen sich einfach und schnell lösen. Wir haben die Reinigung des Hühnerhauses immer als Teil der wöchentlichen Routine aufgefasst und darauf geachtet, dass die Zäune in gutem Zustand und die Hühner wohlgenährt sind. Das einzige Risiko für unsere Hühner ist, dass sie irgendwann einmal im Kochtopf landen.

Ein Zaun hält Hühner drinnen und Raubtiere draußen.

ROTE VOGELMILBE
Rote Vogelmilben sind etwa 0,5 cm große Parasiten. Sie verstecken sich in winzigen Ritzen und Spalten im Hühnerhaus und saugen Blut, wenn die Hühner schlafen. Am besten wird man mit ihnen fertig, wenn man das Hühnerhaus sauber hält, spezielles Milbenpulver verstreut und Sperrholz anstelle von Brettern verwendet, da es den Milben weniger Unterschlupfmöglichkeiten bietet.

KALKBEINE
Verursacher der Kalkbeinkrankheit (Fußräude) sind winzige Milben, die sich unter den Schuppen in die Haut eingraben. Im schlimmsten Fall können die Hühner lahm werden. Die beste Behandlung: Isolieren Sie infizierte Vögel und besorgen Sie sich Antimilbenspray oder -salbe von Ihrem Tierarzt oder in einem örtlichen Zoofachgeschäft. Reinigen Sie die Beine nach der Behandlung mit Seifenwasser und einer alten Zahnbürste. Bereits die milde Ausprägung der Fußräude kann den Hühnern Beschwerden verursachen, daher gilt: Je früher die Behandlung einsetzt, desto besser. Sie können der Krankheit auch dadurch vorbeugen, dass Sie die Sitzstangen sauber halten und das Gehege mit Desinfektionsmittel reinigen – lüften Sie danach gründlich, ehe Sie frische Sägespäne verteilen.

RAUBTIERE
Früher bildeten Füchse nur für die Hühner auf dem Land eine Gefahr. Heute haben sie ihren Lebensraum auch auf die städtischen Bereiche ausgedehnt. Leider dringen sie, wie auch Habichte, Marder, Wiesel und Ratten, in die Gärten ein und schlagen Hühner.

Es gibt verschiedene Mittel, um Füchse abzuwehren: Elektrozaun, Hühnerdraht oder Sie halten sich einen Hund oder einen Hahn auf dem Grundstück. Sie können – natürlich streng nach den jeweiligen gesetzlichen Bestimmungen – Fallen aufstellen, müssen sie dann allerdings auch täglich kontrollieren. Stellen Sie niemals Fallen auf, wenn Sie sie nicht regelmäßig überprüfen können; das ist eine grausame Folter für ein gefangenes Tier. Sie können auch Ihren Vögeln die Flügel stutzen, damit sie nicht wegfliegen und dadurch leichte Beute für Raubtiere werden.

VERLETZUNG DER SPORNE

Die Sporne an den Beinen des Hahns zu stutzen, ist sehr wichtig, um die Hennen während der Paarung vor schlimmen Verletzungen zu schützen. Halten Sie den Hahn gut fest, wickeln Sie ihn in ein Handtuch und ziehen Sie Lederhandschuhe an; so sind Sie vor Schnabelhieben geschützt. Am besten kürzen Sie den Sporn mit einem Seitenschneider. Wichtig dabei ist, dass Sie zunächst ein kleines Stück abscheiden und sich langsam höher arbeiten. Achten Sie darauf, keine Adern zu verletzen, und hören Sie sofort auf, wenn das erste Anzeichen von Blut zu sehen ist. Zum Schluss feilen Sie den Sporn nach, bis die Oberfläche glatt ist. Wenn die Hennen von mehr als einem Hahn verletzt werden und das Stutzen der Sporne nichts hilft, müssen Sie die jungen Hähne isolieren oder schlachten.

DÜNNE EIERSCHALE

Eine dünne und brüchige Eierschale ist ein Zeichen für Kalziummangel. Wenn Ihnen das auffällt, sollten Sie überprüfen, ob genug Muschelgrit und Austernschalen vorhanden sind. Dieses Problem tritt nur selten auf, wenn die Hühner nach draußen können.

FRESSEN VON EIERN

Sobald eine Henne damit anfängt, Eier zu fressen, müssen sie sofort einschreiten. Ansonsten ziehen andere Hühner nach, wenn Sie die Henne nicht isolieren. Falls Sie nach einiger Zeit zu den Nestboxen zurückkehrt und immer noch Eier frisst, bleibt Ihnen nichts anderes übrig, als sie zu schlachten und zu verspeisen. Eine letzte Möglichkeit: Geben Sie ihr eine Extraportion Muschelgrit für den Fall, dass sie an Kalziummangel leidet.

METHODE 3
EIER LEGEN & AUFZUCHT

Drei Hennen bedeutet meist auch drei Eier pro Tag.

Anfangs hielten wir Hühner, um jeden Tag frische Eier zu haben. Die Anzahl unserer Hennen hing dabei von der Jahreszeit ab und vom Platz, den wir zur Verfügung hatten, aber es war immer unser vorrangiges Ziel, ausreichend Eier für ein hausgemachtes Omelett zu bekommen. Bieten Sie Ihren Hühnern einen perfekten Schlaf- und Ruheplatz. Sie müssen sich wohlfühlen und einen entspannten, routinemäßigen Tagesablauf haben. Das gilt vor allem dann, wenn Sie selbst Hühner züchten wollen. Sie können übrigens auch ohne Hahn Küken bekommen, indem Sie einer Bruthenne befruchtete Eier unterschieben.

GRUNDAUSSTATTUNG
- Nestboxen
- Wasserbehälter
- Futterspender
- Muschelgrit
- Rattensicherer Auslauf
- Isoliertes Hühnerhaus für brütende Hennen

EIER LEGEN

In den Hühnerstall zu gehen und aus einer Nestbox ein frisch gelegtes, noch warmes Ei zu holen ist ein wunderbarer Start in den Tag. Es ist wichtig, die Boxen jeden Tag zu kontrollieren, da länger liegende Eier nur schwer datiert werden können; außerdem können sie zerbrechen, Ratten anlocken und die Henne zum Brüten ermutigen.

Wir haben unsere Nestboxen so konstruiert, dass wir sie von außen leeren können, ohne die Hennen zu stören, also nicht in das Hühnerhaus hinein müssen. Die Vögel lieben einen warmen, gemütlichen Platz, um Eier zu legen, mit viel frischem Stroh und einer Holzleiste als Abtrennung zur nächsten Box. Ideal ist eine Nestbox für jeweils drei Hennen. Die Streu muss regelmäßig gewechselt werden, damit die Eier über die Schale keine Krankheitskeime aufnehmen können. Wenn Ihre Hennen legefaul sind, können Sie es mit einem Lockei in der Nestbox versuchen.

Im Winter sollten Sie nicht zu viele Eier erwarten. In der Regel legen Hühner alle 2 Tage, allerdings nimmt die Eierzahl in der kalten Jahreszeit stark ab. Zur Abhilfe können das Hühnerhaus beleuchten – wir halten uns eher an die Natur und essen im Winter weniger Eier. Hühner sind nun mal keine Maschinen! Die meisten Eier werden zwischen Frühling und Spätherbst gelegt.

Manchmal kann es passieren, dass eine Henne ihre eigenen Eier auffrisst. In dem Fall müssen Sie diese Tiere sofort von den anderen trennen. Es hilft, Eier öfter einzusammeln und die Nestboxen zu verdunkeln.

AUFZUCHT

Wenn Sie Ihre Hühnerschar vergrößern möchten, können Sie einfach der Natur ihren Lauf lassen. Vom Frühling bis in den Spätherbst ist es möglich, Küken auszubrüten. Ein Hahn paart sich mit allen Hennen, doch nur gleiche Rassen bringen wieder ebensolche Küken hervor. Bastardküken aus zwei verschiedenen Rassen sind meist robust und können mitunter sogar mehr Eier legen. Wir halten meist nur einen ausgewachsenen Hahn, damit die Zahl der Küken überschaubar bleibt. Wenn Sie eine Henne haben, die sich für einige Tage entweder in ein Gebüsch zurückzieht oder eine Nestbox in Beschlag nimmt, können Sie wahrscheinlich bald mit Küken rechnen.

BRUTHENNEN

Sie werden sehr schnell merken, wenn eine Ihrer Hennen zu brüten anfängt. Auffällige Merkmale: Sie will die Nestbox nicht verlassen und erscheint doppelt so groß. Wenn Sie versuchen, sie zu packen und herauszunehmen, wird sie ein lautes Geschrei anstimmen und sich sofort wieder auf die Eier setzen. Wenn sie die Eier ausbrüten soll, dann müssen Sie die Henne an einen separaten Platz bringen. Erstens sind die Küken dort nach dem Schlüpfen sicher, und zweitens lenkt sie die anderen Hennen nicht vom Eierlegen ab. Am besten ist es, wenn Sie Bruthennen in der Nacht umsiedeln.

Wenn Sie keine weiteren Küken wünschen, müssen Sie der Henne die Eier wegnehmen und sie in eine Box mit einem Lattenrostboden setzen. Die kalte Luft an ihre Unterseite stoppt den Bruttrieb.

Im Durchschnitt schlüpfen die Küken nach einer Brutzeit von 21 Tagen. Sie müssen lediglich Wasser und Kükenalleinfutter für die frisch geschlüpften Küken bereitstellen. Auf natürlichem Weg ausgebrütete Küken sind meist robust und gesund, und es macht fast keine Arbeit, da die Natur alles erledigt. Nach 6–8 Wochen können Sie die Henne mit ihren Küken wieder zu den anderen Hühnern setzen. Achten Sie darauf, dass die Küken im Stall und Gehege vor Ratten geschützt sind.

KÜKEN AUFZIEHEN

Sie können einer brütenden Henne auch befruchtete Eier eines anderen Huhns unterschieben, und sie wird sie wie eine Ziehmutter annehmen. Nach unserer Erfahrung eignen sich Buff-Orpington-Hennen besonders gut als Ziehmütter für fremde Küken.

METHODE 4
BRÜTEN & SCHLÜPFEN

Eier im Brutapparat auszubrüten, ist eine Möglichkeit, mit deren Hilfe Sie aus befruchteten Eiern Ihre eigene Hühnerschar züchten können. Die Grundausstattung gibt es meist schon zu einem vernünftigen Preis. Wenn Sie die Zucht eher als Geschäft denn als Hobby betreiben möchten, ist allerdings die Qualität Ihrer Ausrüstung entscheidend für den Erfolg. Die Vorteile, Eier selbst auszubrüten, liegen auf der Hand: Sie riskieren nicht, dass sich die Bruthenne in einem Gebüsch verkriecht und von einem Fuchs geholt wird, und die anderen Hennen werden nicht gestört und können weiterhin für frische Eier sorgen. Und dazu kommt noch, dass Küken so putzig sind – jeder wird sich über die „flauschigen Bällchen" freuen.

GRUNDAUSSTATTUNG
- Thermometer
- Sprühflasche
- Brutapparat
- Taschenlampe
- Kükenalleinfutter
- Infrarot-Brutlampe
- Aufzuchtkasten mit Hühnerdraht

BEFRUCHTETE EIER
Wir haben immer den traditionellen Weg eingeschlagen, ein paar Hühner angeschafft und die Schar mittels befruchteter Eier vergrößert. Dazu ist jedoch ein Hahn nötig – was schwierig werden kann, wenn die Nachbarn keinen morgendlichen Weckruf wünschen. Sie können sich übers Internet oder auf einer Geflügelauktion befruchtete Eier besorgen und im Brutapparat ausbrüten. Das ist etwas schwieriger, als es der Henne und damit dem natürlichen Weg zu überlassen.

BRUTAPPARAT
Wir empfehlen Ihnen, sich einen automatisch gesteuerten Brutapparat anzuschaffen. Schreiben Sie das Legedatum auf die Eier und geben Sie sie in den vorgewärmten Brutapparat. Die Brutzeit beträgt 21 Tage, und die optimale Temperatur in einem Gerät ohne Luftzirkulation 39,4 °C (gemessen mit einem Thermometer 5 cm über den Eiern). Ferner müssen Sie die Eier 3-mal am Tag wenden – dies fördert die Wärmeverteilung. Die Luftfeuchtigkeit sollte zwischen 75 % und 80 % liegen.

DURCHLEUCHTEN
Nach 7 Tagen im Brutapparat können Sie die Eier überprüfen. Dazu schneiden Sie je ein Loch in die gegenüberliegenden Seiten einer Pappschachtel, schicken den Strahl einer Taschenlampe hindurch und halten das Ei hinein. Wenn es nicht befruchtet ist, sehen sie den

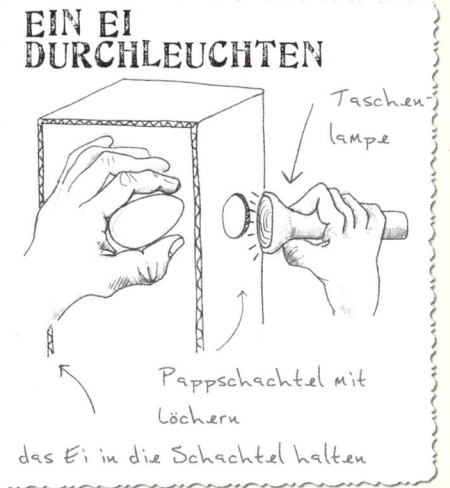

EIN EI DURCHLEUCHTEN
Taschenlampe
Pappschachtel mit Löchern
das Ei in die Schachtel halten

durchsichtigen Dotter. Sind jedoch ein roter Fleck und nach außen verlaufende Adern zu erkennen, entwickelt sich ein Embryo. Legen Sie das Ei sofort wieder in den Brutapparat zurück und lassen Sie es weiter bebrüten. Nach dem 19. Tag wenden Sie die Eier nicht mehr.

SCHLÜPFEN
Nach dem Schlüpfen lassen sie die Küken noch 24 Stunden im Brutapparat. Keine Angst, Sie müssen nicht gefüttert werden. Widerstehen Sie dem Drang, sie herauszunehmen und zu riskieren, dass sie sich verkühlen. Nachdem das Daunenkleid getrocknet ist, setzen Sie die Küken in einen speziellen Aufzuchtkasten.

AUFZUCHTKASTEN
In diesem beheizten Kasten werden die Küken ihre ersten 6 Lebenswochen verbringen. Achten Sie darauf, dass er keine scharfen Ecken und Kanten enthält. Bei zu vielen Küken kann es zu eng werden; dann drängen die Tiere einander in die Ecken und laufen Gefahr, zu ersticken. Streuen Sie Sägespäne auf dem Boden aus. Wenn Sie die Küken zum ersten Mal in den Aufzuchtkasten setzen, zeigen Sie ihnen den Wasserbehälter, indem Sie ihren Schnabel hineintauchen, und streuen Sie Futter vor ihnen aus, wie es eine Mutterhenne tun würde.

Der Aufzuchtkasten kann eine Kiste oder ein Käfig sein, der Ratten fernhält, mit einer Streu aus sauberen Holzspänen und einer Infrarotlampe als Wärmequelle an der Decke. Die ideale Temperatur liegt bei 35 °C – reduzieren Sie diese um 3 Grad pro Woche. Wenn es den Küken zu warm wird, sammeln Sie sich am Rand der Kiste, möglichst weit weg von der Lampe. Ist es ihnen jedoch zu kalt, drängen sie sich in der Mitte unter der Lampe aneinander. Nach 6 Wochen sollten die Küken keine zusätzliche Wärmequelle mehr benötigen. Füttern Sie in dieser Zeit nur Kükenalleinfutter.

Küken brauchen Wärme.

METHODE 5
SCHLACHTEN

Wenn Sie Hühner halten, sollten Sie sich auch klarmachen, dass Geflügelfleisch nicht aus einer mit Folie abgedeckten Plastikschale stammt. Hühner zu halten bedeutet nicht, dass Sie die Tiere auch töten müssen. Falls Sie jedoch einen Hahn haben und selbst züchten, werden Sie irgendwann mit einem Überschuss an Hähnen dastehen, die Sie nicht behalten können, da sonst die Hennen leiden. Sie können sie als Haustiere halten oder umsiedeln – wie es Menschen auch tun –, aber es gibt noch eine dritte Möglichkeit, und Sie werden sicherlich kein wohlschmeckenderes Geflügel finden.

Bleiben Sie ruhig.

ANMERKUNG

Bevor Sie einen Vogel töten lassen oder selbst töten, müssen Sie sich darüber klarwerden, ob Sie das Notwendige auch tun können. Das Schlachten sollte ruhig und effizient ausgeführt werden; vermeiden Sie dabei Stress für das Tier. In Deutschland ist es nach der gültigen Verordnung zum Schutz von Tieren im Zusammenhang mit der Schlachtung oder Tötung vorgeschrieben, das Geflügel zuvor zu betäuben. Als manuelles Verfahren ist nur der Kopfschlag mit anschließendem Entbluten erlaubt.

Am besten gelingt das Schlachten am frühen Morgen. Achten Sie darauf, dass der Vogel vom Vorabend an nichts mehr zu fressen bekommt, damit der Darm leer bleibt. Kontrollieren Sie, ob Sie die notwendigen Hilfsmittel für das Rupfen und Ausnehmen griffbereit haben; wenn Sie einmal angefangen haben, sollten Sie das Ganze ohne Unterbrechung zu Ende führen können (Checkliste: scharfes Messer, Schüssel, Küchenpapierrolle, Gummiband, Seilschlinge in geeigneter Länge, um den Vogel zum Rupfen aufzuhängen, Behälter für die Federn, kleine Zange, Lötlampe, Hackbrett, feuchter Lappen). Sie sollten wie sonst auch sanft mit dem Vogel umgehen, bis der Zeitpunkt des Schlachtens gekommen ist.

Kleine Sporne weisen auf einen jungen Hahn hin.

METHODE 6
RUPFEN

Ein Huhn oder anderes Geflügel zu rupfen gelingt am besten, solange das Tier noch warm ist; ansonsten könnten Sie die Haut einreißen, was den Vogel weniger appetitlich aussehen lässt. Es gibt viele Methoden, einen Vogel zu rupfen; bei einigen wird das Tier in heißes Wasser getaucht, damit es seine Federn verliert, bei anderen werden die Federn mit einer Maschine ausgerissen. Wir trocknen die Federn und zupfen sie aus. Diese Methode hat den Vorteil, dass sie keine besonderen Hilfsmittel erfordert und von jedem gemeistert werden kann.

Wichtig ist es, zunächst eine bequeme Höhe für das Rupfen des Tieres zu finden.

EIN HUHN RUPFEN

Zuerst den Vogel in einer bequemen Höhe aufhängen. Ein kleines Büschel Federn von der Brust packen und mit einem kurzen Ruck nach unten herausreißen.

Arbeiten Sie sich rund um den Körper vor und ziehen Sie die Federn büschelweise nach unten heraus. Mit ein wenig Übung sind Sie bald in der Lage, beide Hände zu benutzen.

Die Federn von den Flügeln zu entfernen ist meist schwieriger. Packen Sie sie einzeln. Bei einem älteren Vogel eine Zange benutzen.

Auf der Innenseite der Beine und um die Kloake herum geht das Rupfen am besten, wenn Sie eines der Beine vom Seil losbinden.

Die feinen Flaumfedern mit einer Lötlampe oder einer angezündeten Zeitungsrolle abflämmen. Die Flamme schnell hin und her bewegen, damit das Fleisch nicht versengt wird.

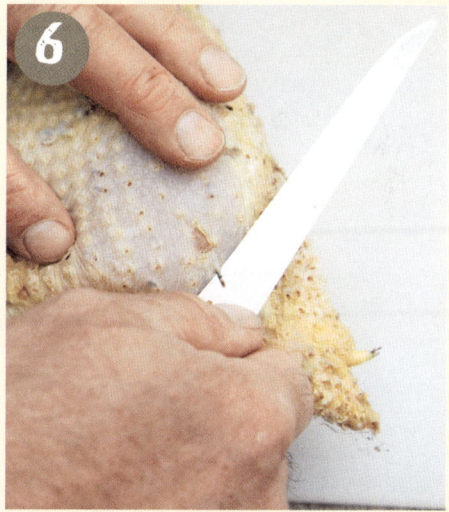

Zuletzt das Huhn von den letzten Federresten befreien. Dazu mit einer Messerklinge darunterfahren und die Federreste zwischen Klinge und Daumennagel herausdrücken.

METHODE 7
AUSNEHMEN

Die Innereien eines Vogels zu entfernen bezeichnet man als „ausnehmen". Hühner lassen wir nicht abhängen – das machen wir nur mit größeren Vögeln wie etwa Truthähnen –, wir nehmen sie aus, sobald sie kalt sind. Das ist weniger unangenehm als mit der Hand in eine warme Karkasse zu gleiten. Wenn die Arbeit erledigt ist und die Innereien entfernt sind, wischen Sie den Vogel mit einem feuchten Lappen ab (nicht waschen!) und heben Sie Füße, Hals, Leber, Herz und Kaumagen auf. Sie können alles essen oder auch als Füllung verwenden.

Es hat sich gelohnt!

EIN HUHN AUSNEHMEN

1 Zuerst die Füße entfernen, so ist der Vogel besser zugänglich. Die Beine abknicken und die Gelenke mit einem scharfen Messer durchtrennen.

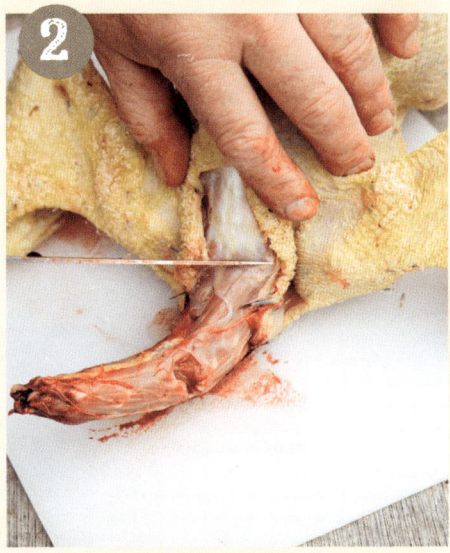

2 Den Kopf dort abschneiden, wo die Wirbel getrennt sind; die Haut entlang der Wirbelsäule aufschneiden und den Hals entfernen.

3

Die dünne Haut über dem Kropf lösen, die nahe der Brust unter der Haut sitzt. Dazu schieben Sie Ihre Finger zwischen Haut und Kropf.

4

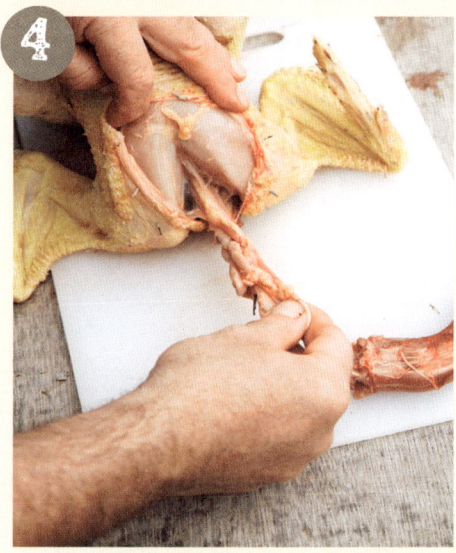

Unter den Kropf greifen und aus dem Hals ziehen, dann Speise- und Luftröhre greifen, lösen und herausziehen.

5

Vorsichtig um die Kloake herumschneiden, damit der Darm nicht angeritzt wird. Die Kloake herausziehen und die Öffnung vergrößern, bis Sie Ihre Hand hindurchstecken können.

6

Die Finger unter dem Brustbein hindurchschieben, bis Sie alle Innereien in Ihrer Hand spüren. Alle auf einmal mit einem kräftigen Ruck herausziehen. Zuletzt das Huhn abwischen.

2
ENTEN

WISSENSWERTES
ENTEN

Warum sollte man Enten halten? Wir haben uns dazu entschlossen, nachdem wir auf ein Grundstück umzogen sind, das fließendes Gewässer aufzuweisen hat. Sicherlich ist das kein zwingender Grund gewesen, aber wir finden, dass ein Teich oder ein Bach eine wunderbare Gelegenheit bietet, Enten in ihrem natürlichen Umfeld aufzuziehen. Aber vor allem die Enteneier haben es uns angetan – die großen Eidotter schmecken vorzüglich und eignen sich hervorragend zum Kochen und Backen. Außerdem ist Entenfleisch für uns eine besondere Delikatesse, und wir wollten unsere eigenen Vögel zu Hause züchten.

VORTEILE
- Enteneier schmecken vorzüglich!
- Enten sind lustige Charaktervögel.
- Enten zu halten macht Schluss mit Schuldgefühlen, weil man nicht länger das Fleisch kommerziell gehaltener Tiere essen muss.
- Enten sind auf Sie geprägt, wenn Sie sie selbst großziehen. Sie können die Vögel für die Nacht also einfach in den Stall bringen.

NACHTEILE
- Im Frühjahr setzt die Balz ein. Dann verwandelt sich der Entenreich in einen lärmenden Ort.
- Enten sind ziemlich schmutzig, besonders auf engem Raum, und auf ihren schleimigen Exkrementen rutscht man leicht aus.
- Wenn Sie glückliche Enten haben möchten, bleibt Ihnen nichts anderes übrig, als in Ihrem Garten einen Teich anzulegen.

GRUNDLAGEN
Enten sind robuste Tiere, die immer etwas zum Fressen finden. Geben Sie ihnen zusätzlich Futter, regelmäßig frisches Wasser und schützen Sie sie vor Raubtieren. Enten sind relativ anspruchslos.

HINWEISE
- Reinigen Sie das Entenhaus 1-mal pro Woche. Ein sauberes Lager ist für die Tiere lebenswichtig – besonders wenn sie dort auch ihre Eier ablegen!
- Die Enten brauchen täglich frisches Wasser.
- Setzen Sie Ihre Enten im Frühling als Schneckenjäger ein. Enten sind sehr nützlich auf Ihrem Grundstück – sie fressen ganz gezielt, und scharren viel weniger als Hühner.
- In den ersten Wochen sollten Sie Entenküken noch nicht ins Wasser lassen, da ihnen die schützenden, geölten Federn fehlen und sie eine leichte Beute für Raubtiere sind.
- Enten fressen alles, was sie finden. Sie lassen nichts am Leben, und es dauert nicht lange, bis ein Bach all seiner Pflanzen, Amphibien und Insekten beraubt ist.
- In der Balzzeit rotten sich die Erpel zusammen und kämpfen um die Weibchen. Das lässt sich aber einschränken, wenn Sie im Frühjahr weniger Männchen als Weibchen auf gleichem Raum halten.
- Halten Sie Enten nicht an einem stehenden Gewässer und essen Sie keine Eier, die in oder neben verschmutztem Wasser abgelegt wurden.

Ausreichend Platz, um mit den Flügeln zu schlagen, bedeutet viel Bewegung und damit exzellentes Fleisch.

Enten benötigen einen bequemen Zugang zum Wasser.

GRUNDAUSSTATTUNG
- Teich oder ein großer Wasserbehälter
- Getreide in einem Plastikbehälter
- Stroh
- Sägespäne
- Entenhaus
- Einstiegsrampe
- Nestbox
- Umzäunung

WELCHE RASSE?
- Indian Runner haben nicht viel Fleisch auf den Rippen, sind aber gute Eierleger. Auffällig ist ihre aufrechte Haltung; sie stolzieren umher wie Pinguine. Im Durchschnitt können Sie mit 180 Eiern im Jahr rechnen.
- Aylesbury sind große Enten, die viel Fleisch liefern und sehr gut schmecken. Sie können ein Gewicht von 4,5 kg erreichen.
- Welsh Harlequins sind gute Allrounder: Sie legen ordentlich und sind groß genug, um eine feine Mahlzeit abzugeben.
- Khaki Campbells sind erste Wahl, wenn es ums Eierlegen geht. Es handelt sich um eine Kreuzung aus Mallard, Indian Runner und Rouen, die bis zu 300 Eier pro Jahr liefern kann.
- Muscovy (Moschusente) ist eine unserer Lieblingsrassen. Die schweren, friedlichen Enten sind bestens für die Zucht geeignet. Da sie sehr gut fliegen können, müssen Sie eventuell ihre Flügel stutzen. Vorsicht beim Hochnehmen: Die Vögel haben scharfe Klauen an den Füßen. Muscovys sind unsere Favoriten, wenn es um gutes Fleisch und ordentliche Legequalität geht.

FUTTER
Enten grasen nicht wie Gänse, aber sie werden ihr Futter ergänzen, wenn Sie sie frei laufen lassen. Als partielle Fleischfresser verspeisen sie gern auch Schnecken, Würmer, Frösche und Insekten. Deshalb lassen wir im Frühling, ehe wir mit der neuen Aussaat beginnen, unsere Enten auf die Gemüsebeete, damit sie verborgene Schädlinge finden und vertilgen. Später sollten Sie den freien Zugang zum Garten nicht mehr zulassen, da Enten junge Pflanzen ruinieren und gern Erbsen und Salat fressen. Halten Sie Ihre Enten in einem eingezäunten Bereich mit einem Teich; so vermeiden Sie es, in Entenkot zu treten, wenn Sie morgens rausgehen. Geben Sie ihnen täglich Getreide oder speziell gemischtes Entenfutter, um die Eierzahl zu erhöhen und sie für den Festtagsbraten zu mästen.

WASSER
Halten Sie die Enten, wo immer es möglich ist, in ihrem natürlichen Lebensraum. Das heißt, sie sollten Zugang zu sauberem Wasser haben. Ideal ist ein Bach oder Teich; andernfalls benötigen Sie einen großen Behälter, dessen Wasser regelmäßig gewechselt wird. Enten müssen ihren gesamten Kopf öfters unter Wasser tauchen, um Augen und Schnabel zu reinigen. Das ist nicht einfach, wenn Sie kein natürliches Gewässer auf Ihrem Grundstück haben, und in diesem Fall sollten Sie auf die Entenhaltung lieber verzichten. Enten trinken Wasser direkt aus einem Teich, deshalb ist eine gute Wasserqualität besonders wichtig. Wenn Sie versuchen, zu viele Enten im selben Teich zu halten, wird er bald stark verschmutzt sein.

METHODE 8

ENTENHAUS

Ein Entenhaus gehört zur Grundausstattung. Spielen Sie doch für einen Tag Architekt und konstruieren Sie es selbst. Wir haben im Lauf der Zeit viele gebaut und das Design immer etwas verändert: Manche haben eine Schiebetür, andere stehen auf Stelzen mitten im Teich, und eines ziert sogar eine eigene Hausnummer an der Vorderseite. Unser Tipp: Selber bauen hält die Kosten niedrig und garantiert, dass das Entenhaus auch zu Ihrem Grundstück passt. Enten sind nicht pingelig, und auch wenn Ihre Fertigkeiten als Schreiner zu wünschen übrig lassen: Ihre Mieter wird das nicht stören! Lassen Sie Ihrer Kreativität freien Lauf. Wichtig ist nur, dass Sie das Entenhaus bequem reinigen und die Eier leicht einsammeln können.

EIN ENTENHAUS PLANEN

Da Enten ihr Gefieder einfetten, sind sie gegen Nässe nicht empfindlich. Trotzdem sollten Sie ihnen einen warmen, trockenen Schlafplatz einrichten. Passen Sie ein konventionelles Hühnerhaus an und stellen Sie es in der Nähe des Teichs auf.

Enten benötigen keine Sitzstangen, da sie auf dem Boden schlafen. Sie können aber das Haus mit einer Einstiegsrampe versehen, denn die Vögel können nicht gut laufen. Das Haus muss Schutz vor Ratten und Füchsen bieten, frei von Zugluft, aber dennoch gut durchlüftet sein und immer frische, trockene Streu aufweisen.

Wenn Sie viele Enten halten, nutzen Sie einen alten Stall oder ein Nebengebäude als Unterkunft. Bringen Sie eine Öffnung in die Wand als Zugang nach draußen an. Ein Zement- oder Steinboden ist leicht zu reinigen. Hängen Sie Futterspender in das Entenhaus und installieren Sie auch einen Wasserbehälter, sodass Ihre Enten 8–12 Stunden täglich Zugang zum Wasser haben.

EIN ENTENHAUS BAUEN

Für den Bau benötigen Sie eine Grundausrüstung, dazu gehören Nut- und Federbretter, Sperrholz (am besten wasserfestes Marine-Sperrholz), Dachpappe, Holzschrauben, Stifte und Scharniere.

Damit sich keine Feuchigkeit bildet und die Luft zirkulieren kann, muss das Entenhaus vom Boden abgesetzt sein. Wir verwenden Holzblöcke von 5 x 5 cm Dicke als Lattenrost, auf den wir das Haus stellen. Allerdings müssen sie nach einigen Jahren ersetzt werden. Darauf kommt ein fester Boden aus Sperrholz, der eine solide Basis bildet und leicht zu reinigen ist. Wenn das Haus über dem Wasser steht, sollten die vertikalen Stützen wenigstens um ein Drittel ihrer Länge in den schlammigen Grund des Teiches versenkt werden. Setzen Sie den Boden mindestens 30–60 cm über der Wasseroberfläche an, um Änderungen in der Wasserhöhe abzufangen.

Für das Haus selbst verwenden wir einen einfachen Rahmen aus 5 x 2,5 cm starkem Bauholz. Diesen verkleiden wir mit Nut- und

Federbrettern, die wir mit kurzen Holzschrauben befestigen. Sie können das Holz zum Schutz vor Nässe imprägnieren, allerdings dürfen Sie im Inneren keine Farben auf chemischer Basis verwenden.

Das Entenhaus sollte Raubtiere abweisen und vor Zugluft geschützt sein. Um eine gute Durchlüftung zu gewährleisten, bohren Sie einige Löcher in die Bretter unterhalb des Daches. Sie sollten jedoch nicht in der vorherrschenden Windrichtung angebracht werden und müssen klein genug sein, damit kein Ungeziefer hindurchkommt.

Die Tür zum Entenhaus sollte sich leicht öffnen und sicher schließen lassen. Sie sollte etwa 1,5-mal so groß wie Ihre größte Ente sein. Wir versehen Klapptüren mit einem Riegel oder installieren eine Schiebetür, die wie ein Miniaturfallgitter funktioniert und mittels Schwerkraft verhindert, dass ein Fuchs in das Haus eindringt. Für diese Art Tür platzieren Sie zwei Schienen auf jeder Seite des ausgeschnittenen Türlochs und nehmen eine passende Holzplatte als Tür, die darin auf- und niedergleitet. Mit einem Haken halten Sie die Schiebetür tagsüber geöffnet.

Am Eingang können Sie eine kleine Einstiegsrampe mit Querleisten als Halt anbringen. So können Ihre Enten bequem ein- und ausgehen, und es besteht wenig Gefahr, dass sie sich verletzen oder gar ein Bein brechen.

Das Dach Ihres Entenhauses können Sie aus billigem Holz oder Wellblech fertigen. Blech hat den Nachteil, dass es im Winter sehr kalt und im Sommer sehr heiß ist. Aus diesem Grund bevorzugen wir Holzdächer mit Dachpappe. Bringen sie das Dach so an, dass Sie es aufklappen können – damit haben Sie einen schnellen und leichten Zugang zu den Eiern, und das Haus lässt sich bequem reinigen. Wir bringen zusätzlich eine aufstellbare Stütze an, mit der wir das Dach offen halten können (wie bei einer Motorhaube) – so lassen sich auch schmutzige Sägespäne leichter durch frische ersetzen.

Drängelei um den besten Platz

ENTEN : 45

METHODE 9
ENTENTEICH

Ein Teich ist nicht unbedingt notwendig, aber es macht Spaß, den Enten zuzuschauen, wie sie durch das Wasser paddeln und nach Leckerbissen tauchen. Wenn man Geflügel hält, sollte man seinen Tieren auch einen Lebensraum bieten, der ihren natürlichen Ansprüchen weitestgehend entspricht. Enten, die freien Zugang zum Wasser haben, können sich bei heißem Wetter abkühlen und besser säubern. Für den Teich gilt: je größer, desto besser, aber bereiten Sie sich auf das Unvermeidliche vor – Enten machen jede Menge Dreck!

Ein Haus am See

EINEN ENTENTEICH PLANEN
Ein Teich braucht Wasser. Damit ist das hauptsächliche Problem genannt, das bei der Anlage auftreten kann. Um Wasser zu transportieren, benötigt man viel Energie. Planen Sie deshalb sorgfältig, wohin der Teich kommen soll. Am besten ist es, ihn unterhalb einer Wasserquelle anzulegen; dann kann die Schwerkraft die meiste Arbeit leisten. Ein weiteres Problem: Es wird ständig Wasser aus dem Teich in der Erde versickern, außer Sie haben Lehmboden, kleiden den Teich mit Folie aus oder führen mehr Wasser zu als abfließt. Aus diesem Grund haben wir unseren Bach durch den Teich geleitet.

EINEN ENTENTEICH ANLEGEN
Markieren Sie Form und Größe des Teichs mithilfe eines Schlauchs oder indem Sie eine Linie aus Sand ziehen. Dann heben Sie den Teich aus. Falls er größer ausfallen sollte, können Sie dafür einen kleinen Bagger verwenden.

Ihr Ententeich muss nicht sehr tief sein und auch keinen Lebensraum für Wildtiere bieten, denn die Chance, dass Frösche und Wasserinsekten dem immensen Appetit der Enten entgehen, ist sehr gering. Deshalb ist eine Tiefe von 30–60 cm völlig ausreichend.

Achten Sie auf einen flachen Rand, damit die Enten bequem ins Wasser und wieder heraus kommen.

Entfernen Sie alle spitzen Steine vom Grund Ihres ausgegrabenen Teichs, legen Sie ihn mit dicker Teichfolie aus und füllen Sie frisches Wasser ein. Dünne Teichfolie ist ungeeignet, da sie schnell zerfällt und eine Gefahr für Ihre Enten oder andere Tiere bilden kann. Wenn Sie festen Lehmboden haben, können Sie die Folie ganz weglassen und einen Naturteich anlegen.

Die Teichränder werden durch die Enten sehr schnell abgetragen. Sie lieben es, bei der Nahrungssuche die Ufer zu unterhöhlen, und auch die Strömung des Wassers kann die Form des Teichs verändern. Um dem entgegenzuwirken, können Sie wasserliebende Pflanzen wie Bambus oder Weiden einsetzen – diese werden mit der Zeit in den sumpfigen Bereich vordringen und das Ufer stabilisieren. Andere Wasserpflanzen sind nur dann geeignet, wenn sie nicht von den Enten gefressen werden. Probieren Sie es aus, ehe Sie viel Geld für Pflanzen ausgeben, die letztendlich von den Enten verspeist werden.

Gestalten Sie die Teichränder mit großen Felsbrocken und Steinen, um die Teichfolie und damit die Unversehrtheit des Teichs zu erhalten. Wichtig ist dabei, dass der Rand wenigstens an einigen Stellen flach bleibt; wenn das Ufer zu steil ist, haben Enten große Probleme, ins Wasser zu kommen.

LEBEN AM TEICH

Bei ausreichend Platz können Sie für Ihre Enten eine Außenabdeckung errichten, die ihnen bei schlechtem Wetter Unterschlupf gewährt: Sie brauchen einerseits Schatten bei zu starker Sonnenstrahlung, andererseits Schutz vor heftigem Regen oder Schnee. Wir geben unseren Enten außerdem abgefallene Äste oder alte Baumstämme zum Sitzen und pflanzen verschiedene Bäume und Sträucher, die den Jungtieren Schutz bieten. Um Raubtiere abzuhalten, müssen Sie den Bereich um den Ententeich einzäunen.

FISCHE IM ENTENTEICH

Sie können Ihren Teich optimal nutzen, indem Sie ihn für Enten und Fische einrichten. Der Entenkot liefert Nährstoffe für Pflanzen, die wiederum von Fischen wie etwa Karpfen und Rotaugen gefressen werden. Bei zu vielen Enten besteht allerdings die Gefahr, dass der Sauerstoff im Wasser nicht mehr ausreicht. Trotzdem sollten Sie darüber nachdenken und dies als Herausforderung sehen.

Wie eine Ente im Wasser!

METHODE 10
SCHÄDLINGE & KRANKHEITEN

Ratten halten sich gern am Wasser auf.

Enten sind weniger anfällig für Insekten und andere Krankheitserreger, solange Sie ihre Unterkunft sauber halten und ihnen ausreichend frisches Wasser geben. Auch hier heißt der Schlüssel zum Erfolg: gute Lebensbedingungen und wirksamer Schutz durch Umzäunung. Wir füttern unsere Enten normalerweise, indem wir das Futter im gesamten Bereich verstreuen, was eventuell Ratten anlocken könnte. Doch da wir Muscovy-Enten halten, ist das kein Problem – sie sind die Staubsauger unter dem Wildgeflügel.

RAUBTIERE

Raubtiere sind eine Gefahr für Enten. Der beste Schutz ist ein sicherer Zaun. Junge Enten sollten Sie auch von oben schützen, etwa durch ein preiswertes Netz. Sonst riskieren Sie, dass ein Greifvogel die Entenküken holt.

RATTEN

Ratten sind ein ständiges Ärgernis für Geflügelhalter. Normalerweise werden sie von Hunden und Katzen in Schach gehalten – sie sind die beste Abschreckung. Manchmal müssen wir jedoch zu anderen Mitteln greifen, um das Risiko für unsere Enten zu senken.

Für uns heißt das, Ratten mit mehreren Lebendfallen zu bekämpfen und manchmal auch Gift an Plätzen auszustreuen, an denen sie sich gern aufhalten. Gift sollte allerdings die große Ausnahme bleiben, da es leicht in die Nahrungskette gelangen und andere Ökosysteme schädigen kann. Allerdings gibt es Produkte, die dieses Risiko gering halten. Das Gift wirkt langsam, sodass es die Ratten mit in ihr Nest nehmen, wo es mehr als eine Ratte töten kann. Es ist nun mal das wirksamste Mittel, das wir kennen. Im Allgemeinen wenden wir nur dann Gift an, wenn wir Entenküken oder Jungenten haben, die besonders gefährdet sind.

MILBEN

Enten sind anfällig für Milben. Exzessives Kratzen kann auf einen Befall hinweisen, daher sollten Sie täglich darauf achten, ob Ihre Vögel Anzeichen für eine Krankheit zeigen. Wenn notwendig, behandeln Sie sie mit einem Antimilbenmittel.

BOTULISMUS

Das ist eine schwere Krankheit. Sie wird durch Bakterien verursacht, die in verfaulenden Tierkadavern oder Gemüseresten vorkommen. Die von ihnen abgegeben Giftstoffe können eine Ente schwer beeinträchtigen und zum Verlust der Kontrolle über die Muskeln

KIPPFLÜGEL
Bei dieser Deformation des Flügels sind die Handschwingen der Ente nach außen verdreht. Sie sehen seltsam aus, als ob der Flügel gebrochen und falsch zusammengewachsen ist. Auslöser sind stark proteinhaltiges Futter und ein zu schnelles Wachstum. Um Kippflügel zu verhindern, können Sie eine andere Rasse einkreuzen oder heranwachsenden Enten nicht zu viel Protein ins Futter geben, während sich die Federn entwickeln.

WEGFLIEGEN
Eventuell müssen Sie die Flügel Ihrer Enten stutzen, damit sie nicht an den örtlichen Wildentenpteich fliegen. Sie müssen wissen, dass domestizierte Enten keine großen Chancen haben, unter ihren wilden Artgenossen zu überleben. Überlegen Sie es sich daher gut, ehe Sie Enten aussetzen, die Sie nicht länger halten wollen.

führen. Sie können das verhindern, indem Sie Ihre Enten nicht in schlammige, stehende Gewässer lassen – besonders an heißen Tagen. Kranke Vögel benötigen außerdem viel frisches Wasser. Traditionell wird Botulismus behandelt, indem man Bittersalz ins Wasser gibt (1 Teelöffel auf 600 ml).

LAHMHEIT
Lahmheit kann die Folge einer bakteriellen Wundinfektion sein oder einer Verformung durch einen Sturz. Packen Sie deshalb eine Ente niemals an den Füßen, versehen Sie das Entenhaus mit einer Einstiegsrampe und behandeln Sie Schnittwunden mit einem Desinfektionsmittel. Anschließend setzen Sie die Ente 1–2 Tage in sauberes Stroh. Gelegentlich ist zu beobachten, dass eine Ente hinkt, weil sie nicht genügend Vitamin B3 bekommt – Sie können das heilen, indem Sie ihr Hefeextrakt auf einem Stück Brot geben.

METHODE 11
EIER LEGEN & AUFZUCHT

Die Zahl der Eier hängt bei Enten stark von der jeweiligen Rasse ab. Große, langsam heranwachsende Vögel legen meist weniger Eier, während kleinere Enten mehr Eier liefern als Hühner. Wir staunen immer wieder, welch große Menge unsere Enten legen, und wir freuen uns darüber, besonders unter dem Aspekt, dass sie im Laden ziemlich teuer sind. Sie schmecken einfach köstlich.

Eine natürliche Mutter

GRUNDAUSSTATTUNG
- Nestboxen
- Wasserbehälter
- Futterspender
- Rattensicherer Auslauf

EIER LEGEN
Im Allgemeinen beginnt eine Ente im Alter von 6–8 Monaten mit dem Legen. Am besten klappt es, wenn mehrere Vögel zusammenleben. Sie lieben einen sicheren und bequemen Brutplatz und kehren Tag für Tag an dieselbe Stelle zurück. Gewöhnlich beginnen Enten im Frühjahr zu legen, manchmal bekommen Sie auch im Winter Eier. Wie Hühner legen sie mehr, wenn die Sonne länger scheint. Die Anzahl der Eier hängt eng mit der Tageslänge zusammen; sie sinkt stark ab, wenn die Tage kürzer werden. Für die Eier benötigen Sie keinen Erpel; er ist erst vonnöten, wenn Sie Entenküken möchten. Wir halten meist eine Entenschar aus verschiedenen Rassen, manche liefern uns Fleisch, andere vertilgen Schädlinge, insbesondere Schnecken, und wieder andere versorgen uns mit köstlichen Eiern.

AUFZUCHT
Versuchen Sie, in Ihre Entenschar jedes Jahr frisches Blut zu bringen. Damit beugen Sie Erbkrankheiten vor und haben die Chance, das Zuchtpotenzial auszuloten. Wenn Sie beispielsweise Indian-Runner-Enten züchten, sollten Sie pro Erpel 4–5 Enten vorsehen, da es sich um äußerst rallige Individuen handelt. Leider kommt es bei Erpeln mit Wildentengenen häufig zur gewaltsamen Paarung oder Vergewaltigung von Enten, und es besteht das Risiko, dass die Enten während der Paarungszeit ertrinken. Das können Sie kaum verhindern, außer Sie haben einen flachen Teich und eine gute Mischung aus männlichen und weiblichen Vögeln.

BRUTENTEN
Wenn eine Ente zu brüten beginnt, polstert sie ihr Nest mit Federn und Stroh. Im Durchschnitt brüten Enten zwischen 9 und 11 Eier aus. Dabei wollen sie nicht gestört werden, deshalb sollten Sie Futter und Wasser in Reichweite bereitstellen. Wir achten auch darauf, dass die Enten innen brüten und nicht an

einem verborgenen Platz im Freien, wo sie leicht einem Raubtier zum Opfer fallen können. Die Brutzeit beträgt normalerweise 28 Tage.

HÜHNER ALS ZIEHMUTTER

Befruchtete Enteneier können Sie einer brütenden Henne unterschieben, und sie wird sie umsorgen wie ihre eigenen. Eine Henne ist viel ausdauernder als eine Ente, wenn es darum geht, auf den Eiern zu sitzen. Sobald man sie stört, wird sie richtig grantig; falls Sie versuchen, das Tier beiseitezuschieben, um nach den Eiern zu schauen, werden Sie bestimmt gepickt. Auf jeden Fall wird sich die Henne wieder auf die Eier setzen und weiterbrüten, anstatt sie aufzugeben. Sie werden schnell herausfinden, welche Henne eine gute Ziehmutter abgibt. Sie wird das Gelege erfolgreich bebrüten und Ihnen zeigen, wie heftig sie reagieren kann.

METHODE 12
BRÜTEN & SCHLÜPFEN

Enteneier im Brutapparat auszubrüten funktioniert ähnlich wie mit Hühnereiern, allerdings sind die Eier größer und müssen entsprechend gesichert werden. Außerdem dauert das Ausbrüten etwas länger. Wir überlassen das Brüten meist den Enten, da frisch geschlüpfte Entenküken auf die erste Person geprägt werden, die sie sehen, und das kann zu Irritationen führen, wenn es Zeit ist, schwimmen zu lernen.

GRUNDAUSSTATTUNG
- Thermometer
- Sprühflasche
- Brutapparat
- Taschenlampe
- Entenalleinfutter
- Infrarot-Brutlampe
- Aufzuchtkasten

BEFRUCHTETE EIER
Untersuchen und durchleuchten (siehe Seite 30–31) Sie die Eier sorgfältig, sobald sie in den Einsatz für den Brutkasten gelegt werden. Sortieren Sie alle Eier aus, die zwei Dotter aufweisen, angeknackst, missgestaltet, zu groß, zu klein oder verschmutzt sind.

BRUTAPPARAT
Entenembryos benötigen Wärme, damit die natürliche Entwicklung voranschreitet; daher ist es wichtig, die optimale Temperatur zu erreichen. Aus diesem Grund verlassen Enten ab und zu ihr Nest, kühlen das Federkleid im Wasser und setzen sich wieder auf die Eier.

Die Luftfeuchtigkeit muss an die verschiedenen Entwicklungsstufen angepasst werden. Am Anfang sorgt sie dafür, dass die Eierschalen nicht austrocknen und der notwendige Gewichtsverlust des Eis nicht zu groß wird. Später hält eine sehr hohe Luftfeuchtigkeit die Schalen geschmeidig, damit sich das Küken seinen Weg hindurch in die Welt bahnen kann.

Eier von kommerziell gehaltenen Rassen wie der Pekingente benötigen 28 Tage für die Entwicklung, bei Muscovy-Enten sind es dagegen 35 Tage. Schalten Sie den Brutapparat ein und warten Sie 1 Tag, ehe Sie

die Eier hineingeben, damit sich Temperatur und Luftfeuchtigkeit stabilisieren können. Beginnen Sie mit einer Temperatur von 37,5 °C und 55 % Luftfeuchtigkeit. Falls vorhanden, setzen Sie den Ventilator nach Empfehlungen des Herstellers in Gang.

Die Eier sollten mindestens 4-mal am Tag gewendet werden. Die neuesten Brutapparate sind mit einer Automatik ausgestattet, die die Eier stündlich wendet. Dies garantiert eine gleichmäßige Wärmeverteilung und verhindert, dass der Embryo an den Membranen der Schale festklebt.

Die besten Ergebnisse erzielen Sie mit Eiern, die Sie 3 Tage nach dem Legen in den Brutapparat geben, und zwar immer mit dem spitzeren Ende nach unten. Es lohnt sich, den Brutapparat regelmäßig auf seine Funktion zu überprüfen, besonders am ersten Tag. Anschließend sollten Sie mindestens 4-mal am Tag nachschauen.

DURCHLEUCHTEN

Nach 7 Tagen im Brutapparat können Sie die Eier durchleuchten. Entfernen Sie alle, die nicht befruchtet wurden.

SCHLÜPFEN

Nach 25 Tagen (abhängig von der Entenrasse) setzen Sie die Eier in spezielle Schlupfkästen, die sich entweder im gleichen Brutapparat oder in einer separaten Maschine befinden, die als Schlupfbrüter bezeichnet wird. Durchleuchten Sie die Eier ein weiteres Mal und entfernen Sie alle mit einem toten Embryo. Stellen Sie die Temperatur auf 37 °C und die Luftfeuchtigkeit auf 65 % ein. Sobald die Küken zu schlüpfen beginnen, erhöhen Sie die Luftfeuchtigkeit auf 80 % und vergrößern die Ventilationsöffnungen auf 50 %. Als erstes Zeichen ist meist ein schwaches Piepsen aus dem Inneren des Eis zu vernehmen, an das sich ein zartes Klopfen anschließt. Im Lauf des Schlüpfvorgangs senken Sie Temperatur und Luftfeuchtigkeit langsam ab; gegen Ende sollten sie 36 °C bzw. 70 % betragen. Die Ventilationsöffnungen sollten dann auf maximaler Luftzufuhr stehen. Nehmen Sie die Entenküken aus dem Schlupfbrüter, sobald sie trocken sind.

AUFZUCHTKASTEN

Nachdem das Daunenkleid trocken ist, setzen Sie die Küken in einen Aufzuchtkasten wie für Hühner (siehe Seite 31). Entenküken wachsen schneller als Hühnerküken und benötigen auch mehr Wasser, um Augen und Federn sauber zu halten. Außerdem erzeugen sie mehr Schmutz als Hühner; das heißt, Sie müssen die Streu öfter wechseln. Im Alter von 5–6 Wochen können Sie die Küken, wenn sie auf Sie geprägt sind (siehe Seite 73), mit nach draußen auf einen Spaziergang nehmen.

METHODE 13
SCHLACHTEN

Zuletzt steht nur noch das Braten an.

Auch für die Schlachtung größerer Geflügelarten gilt generell, was bei der Hühnerschlachtung beschrieben wurde (siehe Seite 32–33). Da Enten größer sind, geht man beim Schlachten etwas anders vor. Enten von geringer Größe können Sie wie Hühner schlachten.

Wenn Sie Geflügel halten, sollten Sie sich auch klarmachen, dass das Fleisch nicht aus einer mit Folie abgedeckten Plastikschale stammt. Sie müssen die Tiere nicht töten. Doch falls Sie einen Erpel haben und selbst züchten, werden Sie irgendwann einen Überschuss an Erpeln haben, unter dem die Enten leiden. Eine Möglichkeit ist daraus ein wohlschmeckendes Geflügel zuzubereiten.

ANMERKUNG

In Deutschland ist das Schlachten von Tieren an die Sachkunde der schlachtenden Person gebunden. Dies bedeutet, dass derjenige, der nicht im gewerblichen Bereich schlachtet, zwar keine Bescheinigung benötigt, er muss aber alle notwendigen Kenntnisse und Fähigkeiten besitzen. Diese erwirbt man in der Regel durch die Mitarbeit bei Schlachtungen. Wir empfehlen daher, dass Sie mit einem Schlachter ihres Vertrauens sprechen und sich nach der Möglichkeit von Mitarbeit und Erfahrungsaustausch erkundigen. Ebenso können Sie mit ihm besprechen, ob er die Schlachtung für Sie übernimmt.

Bevor Sie sich entschließen, eine Ente töten zu lassen oder selbst zu töten, müssen Sie sich darüber klar werden, ob Sie das Notwendige auch tun können. Das Schlachten sollte ruhig und effizient ausgeführt werden; vermeiden Sie dabei jeglichen Stress für das Tier. Hier in Deutschland ist es laut gültiger Verordnung zum Schutz von Tieren im Zusammenhang mit der Schlachtung oder Tötung vorgeschrieben, das Geflügel zuvor zu betäuben. Als manuelles Verfahren ist nur der Kopfschlag mit anschließendem Entbluten erlaubt.

METHODE 14
RUPFEN

Eine Ente ist wesentlich aufwendiger zu rupfen als ein Huhn. Das liegt nicht nur daran, dass Enten normalerweise größer sind; sie haben zusätzlich eine zweite isolierende Schicht – die Daunen –, die für den Auftrieb sorgt und den Körper warm hält. Beim Rupfen einer Ente müssen Sie außerdem darauf gefasst sein, dass eine große Menge an Federn anfällt und die Daunen überall herumschwirren. Am Ende werden Sie selber mit einer feinen Schicht überzogen sein. Entendaunen sind als wärmende Füllung für Kissen und Decken beliebt; vielleicht möchten Sie sie einsammeln und verwenden? Sobald die Ente gerupft ist, nehmen Sie sie auf die gleiche Weise aus wie ein Huhn.

Gehen Sie sanft mit dem Tier um.

EINE ENTE RUPFEN

Die Füße der Ente fest zusammenbinden und den Vogel in einer bequemen Höhe aufhängen. Zum Entfernen der Schwungfedern nehmen Sie am besten eine kleine Zange.

Die Federn Büschel für Büschel nach unten mit einem kurzen, kräftigen Ruck herausreißen. Beginnen Sie mit den äußeren Federn.

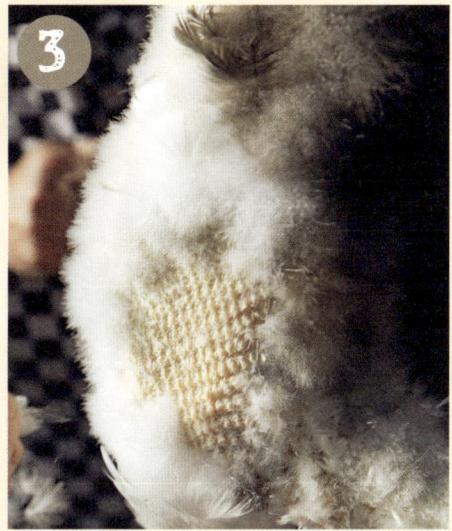

Verfahren Sie mit den Daunenfedern genauso, aber heben Sie sie auf. Zuletzt tauchen einige winzig kleine, zarte, haarähnliche Federn auf.

Die feinen Flaumfedern mit einer Lötlampe oder einer offenen Flamme abflämmen. Dabei die Flamme schnell hin und her bewegen, damit das Fleisch nicht versengt wird.

Entfernen Sie die abgeflämmten Federn von der Ente, indem Sie mit der Hand über die Haut reiben.

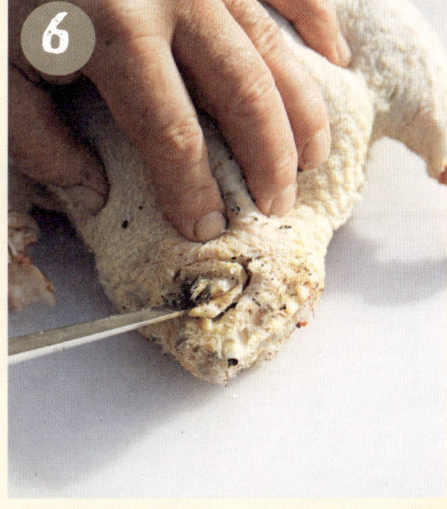

Mit einem scharfen Messer die Drüse auf der Unterseite des Bürzels entfernen, dann den Vogel ausnehmen, wie bei den Hühnern beschrieben (siehe Schritt 1–6, Seite 36–37).

3 GÄNSE

WISSENSWERTES
GÄNSE

Warum sollte man Gänse halten? Dies gehört sicher nicht zu einem mondänen Lebensstil, dennoch gibt es kaum ein prächtigeres Haustier. Es ist verblüffend, wie Gänse ihre Halter erziehen; sie verlangen allein schon wegen ihrer Größe und beeindruckenden Flügelspannweite Respekt. Sie sind robust, widerstandsfähig und erstaunlich selbstständig. Wir schätzen Gänse als besonders vielseitige Tiere. Sie sind erstklassige Grasfresser und exzellente Wachtiere und sie beginnen gewöhnlich im zeitigen Frühjahr damit, große Eier zu legen. Eine Sache sollten Sie bedenken: Gänse können 25 Jahre und älter werden und stellen damit eine enorme Verpflichtung dar – außer Sie halten sie wegen des Fleisches.

VORTEILE
- Gänse legen enorm große Eier – wenn Sie einige zum Frühstück kochen, benötigen Sie ein halbes Regiment, um sie zu verputzen.
- Gänse eignen sich hervorragend, um das Gras in einem Obstgarten niedrig zu halten. Sie vertilgen Gras wie ein Rasenmäher und können auch zwischen Erdbeerpflanzen und Weinstöcken eingesetzt werden, da sie breitblättrige Pflanzen nicht mögen.
- Sie können für den Kauf eines Gänsebratens viel Geld ausgeben. Günstiger kommt es, wenn Sie die Gans selbst großziehen.
- Gänse fallen nicht so leicht Angriffen von Raubtieren zum Opfer.

NACHTEILE
- Das laute Geschrei von Gänsen kann ziemlich nervtötend sein. Sie sind zwar sehr gute Wachtiere, aber manchmal geht die Hoffnung, einen ruhigen Tag auf dem Land zu verbringen, darin unter.
- Wegen ihrer Größe ist es schwierig, Gänsen die Flügel zu stutzen. Gehen Sie respektvoll mit den Vögeln um, oder Sie riskieren, einen mächtigen Schlag mit den Flügeln abzubekommen.
- Das Gras geht ziemlich unverändert durch die Gans hindurch. Das heißt, wo Gänse sind, gibt es immer auch jede Menge Kot.
- Gänse können ordentlich zubeißen, wenn sie zum Streit aufgelegt sind – deshalb müssen Sie sich behaupten und ihnen zeigen, wer der Chef ist.

GRUNDLAGEN
Die Gänsehaltung beginnt mit der Wahl der Rasse. Jede hat ihre speziellen Vorteile hat. Sie müssen sich überlegen, was ihnen wichtig ist: Sollen die Gänse Eier legen, Fleisch liefern, das Gras abweiden, das Grundstück bewachen oder mehrere Dinge gleichzeitig erfüllen? Und Sie sollten eine Rasse wählen, die Ihnen auch gefällt, da Sie eventuell 25 Jahre und mehr mit den Tieren zusammenleben.

HINWEISE
- Prägen Sie die Gänseküken auf sich, indem Sie sie sofort nach dem Schlüpfen und in den ersten Tagen immer um sich herum haben. So lassen sie sich später nachts leichter in ihren Stall bringen.
- Ergänzen Sie das Futter Ihrer Gänse mit Getreide.

Ein Gänserich auf der Walz mit drei Gänsen.

GÄNSE : 61

Ein Gänserich ist ein stattlicher Vogel, den man besser nicht reizen sollte.

- Geben Sie den Gänsen täglich frisches Wasser.
- Stutzen Sie die Flügel alle paar Monate – damit sie sich nicht am Himmel vorbeiziehenden Wildgänsen anschließen.
- Bringen Sie ein Gänsepaar nicht auseinander, denn die Vögel bleiben ein Leben lang verbunden. Wir halten immer ein Brutpaar.
- Lassen Sie niemals Netze, losen Draht oder Schnur in ihrem Gehege liegen. Die Gänse könnten es fressen oder sich strangulieren.

WELCHE RASSE?

- Die Pilgrimgans ist eine Rasse mit einem ungewöhnlichen geschlechtsgebundenen Federkleid, das heißt, man kann Männchen und Weibchen gut unterscheiden. Der Gänserich ist weiß, die Gans hellgrau.
- Brecon Buff ist eine hübsche sandfarbene Rasse. Die Gänse sehen aber nicht nur gut aus, sondern schmecken auch gut.
- Die Emder Gans ist eine sehr große Rasse, die ausgezeichnetes Fleisch liefert. Die gewöhnliche englische Hausgans ist oft eine Kreuzung aus Emden und Toulouse.
- Diepholzer Gans ist die richtige Rasse, wenn Sie nach einer Gans Ausschau halten, die schnell heranwächst, viel Brustfleisch ansetzt und bereits als Jungvogel geschlachtet werden kann.
- Höckergänse bezaubern durch ihre Anmut. Sie sind ausgezeichnete Eierleger und gute Futterverwerter, die bereits im Alter von 8 Wochen geschlachtet werden können. Ihr Fleisch ist etwas dunkler als das anderer Gänse und nicht so fett.

FUTTER

Die Gänsehaltung erfordert mehr Raum, als für Enten oder Hühner notwendig ist. Ein kleiner Obstgarten oder eine Pferdekoppel ist perfekt. Lassen Sie das Gras nicht zu hoch wachsen, denn lange Halme können zu einer Verstopfung des Kropfes führen. Mähen Sie es regelmäßig auf eine Höhe von 10 cm ab. Die Gänse übernehmen dann den Rest. Wir geben unseren Gänsen jeden Tag Getreide, aber sie ziehen das Gras vor. Gänse, die gutes kurzes Gras zum Fressen haben, gedeihen auch dann gut, wenn sie in den Sommermonaten weniger Getreide bekommen.

WASSER

Obwohl Gänse zu den Wasservögeln zählen, benötigen sie keinen Teich – alles, was sie brauchen, ist frisches sauberes Wasser, damit sie ihren Kopf untertauchen und Schnabel und Augen reinigen können. Nach unseren Erfahrungen genügt ein großer Wasserbehälter, aber Sie können gern etwas Dauerhaftes anlegen: einen kleinen Teich von 30–60 cm Tiefe, dessen Wasser regelmäßig gewechselt wird. Ein Teich bietet Vorteile: Die Gänse bleiben sauberer und reduzieren das Risiko, von Parasiten befallen und krank zu werden.

„GRÜNE GÄNSE"

Früher war die Aufzucht von Gänsen eng mit dem jährlichen Wachsen bzw. Schneiden von Grünflächen verbunden. Diese alte Methode erspart Kosten und Zeit, die man sonst für das Rasenmähen aufwenden müsste. Gänseküken beginnen mit dem Grasen im Frühjahr, wenn das Gras noch frisch ist, und werden im Herbst am Ende der Vegetationsperiode geschlachtet. Es ist ein harter, aber sehr kosteneffizienter natürlicher Kreislauf. Sie können gelegentlich auch Getreide zufüttern, wenn Sie die Gänse gesund mästen wollen.

GÄNSE ALS FLEISCHLIEFERANTEN HALTEN

Die Methoden für das Schlachten, Rupfen und Ausnehmen von Gänsen entsprechen denen für Enten (siehe Seite 54–57).

METHODE 15
GÄNSEHAUS

Gänse sind sowohl sehr neugierig als auch ziemlich furchtlos. Unsere Gänse jagen öfter unsere Hunde davon, wenn sie in ihr Gehege eindringen, und sie lieben es, die Schubkarre zu attackieren, sobald wir ihre Unterkunft reinigen. Trotzdem haben wir für unsere Gänse einen überdachten Unterschlupf gebaut, Hier können sie ungestört ihre Eier legen und sind vor allzu kühnen Raubtieren geschützt.

EIN GÄNSEHAUS PLANEN

Gänse sind äußerst widerstandsfähige Vögel, die sich auch nicht von Schnee beeindrucken lassen. Sie brauchen daher hauptsächlich einen Ort, an dem sie ihre Eier legen können und vor Raubtieren – und weniger vor schlechtem Wetter – geschützt sind. Wir haben einen großen, alten Gartenschuppen als Gänsestall hergerichtet; dazu finden Sie genügend Angebote in den örtlichen Zeitungen oder Geflügelzüchtermagazinen. Wichtig ist, dass jeder Vogel etwa 1 Quadratmeter zur Verfügung hat. Das Haus sollte über die Kopfhöhe der Vögel reichen; je größer es ist, desto leichter können Sie es reinigen und die Eier einsammeln.

Wasservögel lassen sich in konventionellen Hühnerhäusern halten, allerdings bevorzugen hochgezüchtete Rassen einen ebenen Ein- und Ausgang – für sie ist es schwieriger als für Enten oder Hühner, eine Rampe hochzulaufen. Versehen Sie das Gänsehaus mit einem stabilen Boden. So können Sie anfallenden Dreck zusammenkehren und die Unterkunft sauber halten. Eine Schicht trockene Streu schützt die Gänse vor Arthritis in den Füßen. Darauf kommen Schichten aus Pappe, Zeitung oder Stroh, die Sie ersetzen müssen, sobald sie feucht geworden sind. Gänse erzeugen eine ganze Menge Kot, auf dem man leicht ausrutschen kann; dafür ist er ausgezeichnet für den Komposthaufen.

EIN GÄNSEHAUS AUFSTELLEN

Das Gänsehaus sollte inmitten eines weiträumigen Bereichs mit Wasseranschluss stehen, der zum Schutz der Vögel eingezäunt sein muss. Gänse können viel Lärm machen, deshalb ist der beste Platz für den Stall in möglichst großer Entfernung von Ihrem Haus und dem der Nachbarn.

EIN GÄNSEHAUS BAUEN

Der Bau einer Unterkunft ist einfach und kostet nicht viel. Strohballen geben eine ausgezeichnete Basis ab und können kom-

STROHBALLENHAUS

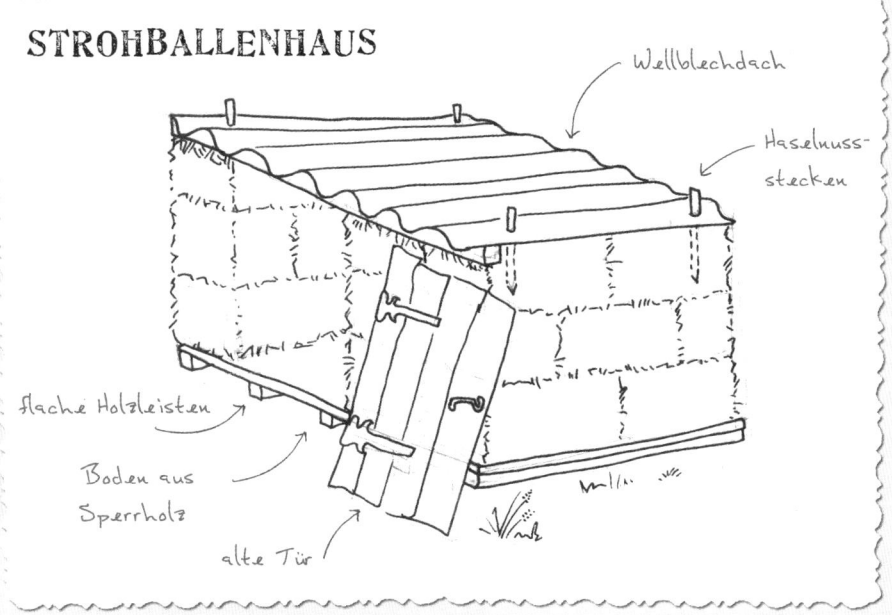

postiert werden. Für die Seitenwände schichten Sie die Ballen wie die Ziegelsteine einer Mauer aufeinander. Achten Sie auf genügend Freiraum für jeden Vogel.

Das Dach sollte in einem kleinen Winkel nach hinten abfallen und aus Holz oder Wellblech bestehen. Sie können das Dach mit Haselnussstecken sichern, die sie auf 60 cm Länge schneiden, anspitzen und durch die Seitenränder in die Strohballen stecken. So haben Sie eine perfekte Hütte, in der die Gänse leben und ihre Eier legen können.

Wenn Ihre Gänse nachts im Stall sind, verschließen Sie den Eingang mit einem Holztor oder einem Drahtrost, sodass keine Raubtiere hineinkommen. Ein fester Boden fördert die Gesundheit der Vögel. Eine gute Alternative ist ein konventionelles Gartenhaus. Bohren Sie Luftlöcher in die Wände, um eine ausreichende Luftzirkulation zu gewährleisten.

GÄNSE HÜTEN

Die Gänse abends in ihren Stall zu treiben, ist nicht ganz leicht, aber mit etwas Geduld und Übung werden Sie schnell herausfinden, dass man Gänse trainieren kann. Nutzen Sie einen Spazierstock als verlängerten Arm, um die Gänse Richtung Stall zu dirigieren. Locken Sie sie mit leisen Tönen; die Gänse werden schnell lernen, dass dies „Schlafengehen" bedeutet. Versuchen Sie, die tägliche Routine entsprechend der Jahreszeit einzuhalten.

DAS GÄNSEHAUS REINIGEN

Nach der Reinigung sollten Sie die Mischung aus Streu und Kot als Mulch zu Füßen ihrer Obstbäume verteilen. Die Nährstoffe aus dem Gänsekot werden von den Wurzeln aufgenommen und fördern das Wachstum der Bäume, während das Stroh Unkräuter kurz hält und den Baum vor der Winterkälte schützt. Lassen Sie aber unbedingt einen Freiraum zwischen Mulchschicht und Stamm.

METHODE 16

GRASENDE GÄNSE

Essbare Rasenmäher!

Gänse sind Weidetiere, aber sie benötigen mehr als nur Gras. Wenn Sie in ihrem Gehege einen Obstgarten anlegen, ist das die Basis für eine gut funktionierende Gemeinschaft zwischen Gänsen und Bäumen. Die Gänse halten das Gras kurz und verhindern, dass konkurrierende Pflanzen um die Bäume herum wachsen. Außerdem verringern sie dadurch die Zahl der Tiere, die im Boden leben und die Baumwurzeln annagen könnten. Es ist ein wunderbares Bild aus alten Zeiten: Gänse, die in einer Reihe durch einen Obstgarten watscheln – die perfekte Verbindung von Nutzpflanzen und Haustieren.

EINEN OBSTGARTEN PLANEN

In einem Obstgarten können Sie anpflanzen, was Sie möchten. Wir empfehlen Ihnen, verschiedene ertragreiche Obstbäume auszuwählen, die bei Ihnen heimisch sind. Erkundigen Sie sich im Gartencenter vor Ort oder schauen Sie sich um, was in Ihrer Gegend gut gedeiht.

Ein kleiner Obstgarten versorgt Sie mit Früchten und ihre Gänse mit schattigen Plätzen. Eine gute Wahl sind Apfel- und Birnbäume – sie sind leicht zu pflanzen und erfordern wenig Arbeit. Pflanzen Sie die Bäume zwischen Spätherbst und Ende des Winters. Beide Obstbaumarten benötigen viel Mulch und reichlich Kompost und sie profitieren von einer guten Ladung Stallmist, aber denken Sie daran, zwischen Dünger und Stamm genügend Freiraum zu lassen. Birnbäume lieben einen geschützten Standort und sind etwas anfälliger als Apfelbäume.

DER RICHTIGE PLATZ

Den richtigen Platz für Ihre neuen Obstbäume zu wählen ist von entscheidender Bedeutung, und die Himmelsrichtung spielt dabei eine wichtige Rolle. Die meisten Obstsorten lieben einen sonnigen Platz, manche kommen auch mit Schatten zurecht, aber im Allgemeinen sollten Sie den Obstgarten nicht unter mächtigen Laubbäumen anlegen. Wählen Sie einen geschützten Platz, da Wind und Sturm einigen Schaden an Obstbäumen anrichten können und auch die Bestäubung durch Insekten behindern. Außerdem sollten Sie auf einen gut drainierten Boden achten und Frostlöcher vermeiden.

EINEN OBSTGARTEN ANLEGEN

Sobald Sie einen passenden Platz für ihren Obstgarten gefunden haben, beginnt der vergnügliche Teil. Einen Baum zu setzen ist eine ziemliche Belastung für die Wurzeln, deshalb warten Sie am besten bis zum Winter – dann schläft der Baum, und es steigt kein Saft im Stamm hoch. Anfangs werden Ihre Gänse aufgrund der Aktivitäten etwas beunruhigt sein, aber das gibt sich, und sie werden sich schnell eingewöhnen.

Zuerst heben Sie ein Loch aus, dessen Durchmesser um einiges größer als der Wurzelballen sein muss. Dann rammen Sie einen Stützpflock in den Boden und stellen den Baum in das Loch, und zwar in der gleichen Höhe wie im Topf. Mischen Sie die ausgehobene Erde mit reichlich Kompost und füllen Sie sie wieder zurück in das Loch: um den Wurzelballen herum etwas lockerer, damit die Wurzeln nicht beschädigt werden, weiter oben etwas fester, bis die Bodenhöhe erreicht ist. Dann stampfen Sie die Erde mit den Schuhsohlen richtig gut fest. Zum Schluss geben Sie dem frisch angepflanzten Baum reichlich Wasser und verteilen weiteren organischen Dünger (idealerweise Gänsemist) um die Basis herum.

JUNGPFLANZEN SCHÜTZEN

Gänse sind von Natur aus neugierig und nehmen alles in den Schnabel, zumindest einmal. Besonders lieben sie es, die Rinde junger Bäume anzuknabbern, was leider zu Krankheiten führen kann. Deshalb sollten Sie die Bäume in den ersten 6–12 Monaten schützen, indem Sie den unteren Teil des Stamms mit einem Gitternetz umschließen. Auch später sollten Sie die Bäume im Auge behalten und eingreifen, wenn es nötig ist.

MULCH AUSBRINGEN

Mulch ist ein wichtiger Faktor für das Wachstum von Bäumen. Damit Sie reichlich Obst ernten können, befreien Sie den Boden rund um den Stamm Ihrer Bäume von Unkraut. Sie können eine Schicht Pappe oder Papier ausbringen, auf die Sie eine dicke Schicht Heu oder Stroh geben – am besten sind natürlich Streu und Mist aus Ihrem Gänsehaus.

EINEN TEICH ANLEGEN

Gänse sind genügsam, solange sie ausreichend Wasser haben, um zu trinken sowie Schnabel und Augen zu reinigen. Trotzdem ist die Anlage eines Teichs eine gute Idee, vorausgesetzt, Sie haben genügend Zeit, ihn zu pflegen. Gänse lieben es, sich zu putzen. Angeblich fördert es die Vitalität, um sich erfolgreich zu paaren. Günstig ist es, wenn durch Ihr Grundstück ein Bach verläuft oder ein Zugang zu fließendem Wasser besteht.

Ein Teich bedeutet erfolgreiche Zucht.

METHODE 17
SCHÄDLINGE & KRANKHEITEN

Gänse sind widerstandsfähige Vögel, die selten krank werden. Dennoch sollten Sie ein paar Punkte beachten. Es dürfen weder Drahtreste noch spitze oder scharfe Gegenstände herumliegen, und die Gänse müssen einen leichten Zugang zum Teich haben. Wir machen mehrmals am Tag einen kleinen Spaziergang, um nach den Gänsen zu sehen. Wenn irgendetwas nicht stimmt, lässt sich das schnell an ihrem Verhalten ausmachen. Je besser Sie Ihre Gänse kennen, desto leichter können Sie möglichen Problemen begegnen.

WÜRMER
Es empfiehlt sich, Gänse zu entwurmen, wenn sie eine längere Reise hinter sich haben oder unter anderen Problemen leiden. Zeichen für eine Wurminfektion sind Gewichtsverlust und langsame Bewegung. Gänse und – in geringerem Maße – Enten können von einem Wurmparasiten befallen werden, der sich im Kaumagen einnistet und ernsthafte Beschwerden auslöst.

RAUBTIERE
Habichte, Marder, Ratten, Wiesel und Füchse können frisch geschlüpften Gänseküken gefährlich werden. Bald jedoch sind sie groß genug und weniger anfällig. Sorgen Sie in der ersten Zeit nach dem Schlüpfen für eine sichere Rückzugsmöglichkeit nahe am Gänsestall. Lagern Sie Futter in geschlossenen Behältern, um keine Ratten anzulocken.

LAHMHEIT
Lahmheit ist eher unter Vögeln verbreitet, die keinen Zugang zum Wasser haben und auf hartem Boden gehalten werden. Dies verursacht Schwielen am Fuß, und eine Infektion etwa infolge einer Schnittverletzung kann unbehandelt zu ernsthaften Problemen führen. Ein jodhaltiges Desinfektionsmittel in einer Sprühflasche ist ideal, um kleinere Verletzungen Ihrer Vögel schnell und effizient zu behandeln. Suchen Sie nach Dornen oder

Wenn Sie die Flügel nicht stutzen

Schnitten, und wenn die Symptome nicht verschwinden, trennen Sie das Tier von den anderen und geben ihm frische Streu und reichlich Futter. Zu hohe Feuchtigkeit am Schlafplatz kann ebenfalls zu Problemen mit den Füßen führen. Reinigen Sie deshalb regelmäßig das Gänsehaus.

ASPERGILLOSE

Feuchte Streu und die Gabe von Heu anstelle von Stroh begünstigen das Wachstum von Schimmelpilzen. Sie behindern die Atmung der Vögel, schwächen das Allgemeinbefinden und können zu verklebten Augen führen. Leider schädigen eingeatmete Pilzsporen auch die Lungen, und diese Infektion kann nicht behandelt werden. Deshalb sollten Sie feuchte Streu unbedingt vermeiden und Futter nur an trockenen Plätzen aufbewahren, damit sich nirgendwo Schimmel bilden kann.

WEGFLIEGEN

Die Flügel müssen gestutzt werden, wenn Ihre Gänse den Anschein erwecken, dass sie gleich fortfliegen möchten. Bei den meisten domestizierten Rassen ist dies jedoch nicht notwendig – sie sind zu schwer und kommen gar nicht erst vom Boden hoch! Es ist schwierig, eine Gans einzufangen. Wir stellen uns der Herausforderung morgens oder abends, wenn sie in ihrem Haus ist. Am besten packt man sie am Hals kurz hinter dem Kopf, um zu vermeiden, dass man gezwickt wird. Ein Gänsebiss blutet kaum, kann aber schmerzhaft sein. Angriffe sind jedoch selten, wenn nicht gerade Paarungszeit ist oder Küken herumlaufen. Bleiben Sie ruhig und reagieren Sie schnell. Nehmen Sie den Vogel hoch, indem Sie mit der freien Hand unter seiner Brust hindurchgreifen und seine Füße packen. Halten Sie ihn so, dass seine Unterseite nach vorn zeigt und sein Kopf hinter Ihrem Rücken ist. Auf diese Weise riskieren Sie keine Attacke. Mit den Armen unterbinden Sie jegliches Flügelschlagen, denn in Panik könnte die Gans leicht einen Flügel brechen – noch ein Grund, um den Vogel nicht zu stressen.

Stutzen Sie die Flügel nicht, wenn die Gans in der Mauser ist. Kürzen Sie von einem Flügel vorsichtig in einer Linie die Schwungfedern und schneiden Sie nicht zu tief.

METHODE 18
EIER LEGEN & AUFZUCHT

Gänse bilden einen starken Familienverband. Ein Gänserich kann 30 Jahre alt werden, und die Paare bleiben ein Leben lang zusammen. Das bedeutet: Gänse sind von Natur aus ideale Brüter. Der Nachteil: Die Tiere werden jedes Jahr zur selben Zeit aggressiv und laut und verteidigen ihr Revier. Das Einsammeln von Eiern erfordert Schnelligkeit, Gewandtheit und Konzentration. Unter lautem Gezeter müssen Sie die Früchte Ihrer Mühe holen: große, köstlich schmeckende Eier oder entzückende Gänseküken, die jedermann schmunzeln lassen.

GRUNDAUSSTATTUNG
- Nestboxen
- Wasserbehälter
- Futterspender
- Rattensicherer Auslauf
- „Mutpillen"

EIER LEGEN

Eine Gans braucht keinen Gänserich, um Eier legen zu können, sondern lediglich eine bequeme Nestbox mit viel frischem Stroh. Im Gegensatz zu Hühnern scharrt eine Gans ihren eigenen Strohhaufen zusammen. Dahinein legt sie die Eier, wenn es Zeit zum Brüten ist, denn das Stroh hält sie warm. Der Nachteil: Um die Eier zu holen, müssen Sie in ihrem Nest herumwühlen.

Sammeln Sie die Eier sorgfältig ein, damit keine herumliegen und Schädlinge anlocken. Und Vorsicht: Einer mürrischen Gans oder einem überfürsorglichen Gänserich Eier wegzunehmen, gleicht einem Spießrutenlauf.

Gänse legen nur eine kurze Saison lang Eier. Sie starten im zeitigen Frühjahr und stellen das Eierlegen im Hochsommer wieder ein. Normalerweise bekommen Sie einige Gelege von Eiern, ehe die Gans pausiert. Der größte Unterschied zu anderen Geflügelarten ist jedoch, dass Gänseeier massiv sind! Sie wiegen ungefähr 200 g (zum Vergleich: Ein Hühnerei wiegt etwa 60 g.) – und es ist daher nicht verwunderlich, dass Gänse weniger Eier legen. Wenn Sie Ihre Gans ermutigen wollen, weiterzulegen und Gänseküken auszubrüten, lassen Sie sie allein. Versorgen Sie den Vogel mit ausreichend Nahrung und Wasser und warten Sie 30–32 Tage.

AUFZUCHT

Gänseeier auf natürliche Weise auszubrüten ist viel einfacher als mithilfe eines Brutapparates. Im ersten Jahr versuchen Gänse instinktiv, Küken aufzuziehen, wenn sie einen Gänserich um sich haben, und es ist schön zu sehen, wenn es klappt. Achten Sie darauf, dass das

Gelege nicht mehr als 6 Eier enthält. Damit ist genügend Platz, und jedes Ei bekommt ausreichend Wärme ab.

BRUTGÄNSE

Wenn Ihre Gans beginnt, Federn aus ihrem Brustgefieder zu zupfen, um damit das Nest auszupolstern, dann ist es soweit. Stellen Sie Futter und Wasser in Reichweite ans Nest, denn sie wird es längere Zeit nicht verlassen. Im Durchschnitt brüten Gänse zwischen 30–32 Tagen, und es ist normal, dass die Küken nach dem Schlüpfen noch 1–2 Tage unter ihrer Mutter bleiben und von den restlichen Nährstoffen aus dem Ei leben.

Gänse kümmern sich rührend um ihren Nachwuchs. Anders als Hühner bringen sie ihrem Nachwuchs viele Tricks durch Vormachen bei. Und sogar 1 Tag alte Küken beginnen bereits, nach Grashalmen zu picken. Wir füttern ihnen als Ergänzung Gänsestarterfutter sowie als gelegentliche Leckerbissen Salatblätter und Stückchen von zartem grünem Gemüse. Die Eltern passen jetzt besonders auf; seien sie daher vorsichtig, wenn Sie die Gänse abends in den Stall treiben.

Gänseküken sehen sich mitunter Hindernissen gegenüber, die für Altvögel kein Problem darstellen. Machen Sie Ihren Gänsestall kükensicher. Der Zugang zum Stall oder zum Wasser sollte eine leichte Neigung und keine Stufe sein. Und bedenken Sie, dass Küken durch ein kleines Loch schlüpfen können und nicht mehr den Weg zurückfinden.

Dieser Nistplatz war aber nicht geplant!

METHODE 19
BRÜTEN & SCHLÜPFEN

Gänse legen die ersten Eier zu Frühlingsanfang und beenden das Eierlegen wieder im Hochsommer. Das ergibt etwa 30–50 Eier pro Saison, was nicht nach viel klingt, aber dafür sind die Eier sehr groß. Eigene Gänseküken aufzuziehen ist eine der schönsten Aufgaben in der Geflügelhaltung, wahrscheinlich, weil sie einige lustige Entwicklungsstadien durchlaufen – vom niedlichen Flaumball über einen grauen Tollpatsch bis zum beeindruckenden Erwachsenen.

GRUNDAUSSTATTUNG
- Thermometer
- Sprühflasche
- Brutapparat
- Schwamm aus Stahlwolle
- Taschenlampe
- Gänse- und Entenstarterfutter
- Infrarot-Brutlampe
- Aufzuchtkasten

BEFRUCHTETE EIER
Gänseeier müssen sofort nach dem Legen eingesammelt werden; am besten schreiben Sie den Legetag mit Bleistift auf die Eierschale. Bevor Sie die Eier in den Brutapparat geben, müssen sie in einem kühlen Raum (7–10 °C) mit dem breiten Ende nach oben gelagert und einmal täglich gedreht werden.

Dreckige Eier müssen sofort gesäubert werden, da Schmutzpartikel durch die Schale ins Innere gelangen und den Embryo infizieren könnten. Nehmen Sie dafür einen Schwamm aus Stahlwolle. Diese Technik ist besser als Waschen, denn dabei könnte Schmutz in die Poren der Eierschale gelangen. Die besten Resultate erzielen Sie mit Eiern, die nicht älter als 7 Tage sind.

BRUTAPPARAT
Die Eier mit dem breiten Ende nach oben hineinlegen. Stellen Sie den Brutapparat an einen Platz, wo er keiner direkten Sonneneinstrahlung ausgesetzt ist. Optimal ist eine Raumtemperatur von konstanten 18–20 °C.

Die Temperatur des Brutapparats sollte zwischen 37,5 und 39,4 °C, die innerhalb des Eies 37,7 °C betragen, das heißt, die Umgebungstemperatur muss ein klein wenig höher sein. Wir haben unseren Brutapparat auf 38 °C eingestellt. Bringen Sie an seiner Außenseite auch ein Thermometer an. Wenn die Raumtemperatur über Nacht absinkt, stellen Sie den Brutapparat in einen Pappkarton, das hält die Temperatur der Umgebungsluft konstant.

Bereits ein Abfall von wenigen Grad kann zu einem schlechten Brutergebnis führen.

Wichtig ist auch eine möglichst gleichbleibende Luftfeuchtigkeit, für Gänseeier sollte sie zwischen 45 und 55 % liegen. Das ist bei gleichbleibender Temperatur nicht einfach. Am besten besprühen Sie das Innere des Brutapparats mit warmem Wasser.

Notieren Sie jeden Morgen und Abend Temperatur und Luftfeuchtigkeit. Dieses Protokoll kann Ihnen später nützlich sein, falls das Brutergebnis nicht zufriedenstellend ausfällt. Wenn Sie jedoch jeden Tag die gleichen Werte ablesen, wissen Sie, dass Sie auf dem richtigen Weg sind.

Bei einem modernen Brutapparat müssen Sie sich keine Gedanken um das Wenden der Eier machen, denn er erledigt das automatisch. Eier sollten mindestens 3- bis 5-mal am Tag gewendet werden. Wichtig ist eine ungerade Zahl, damit die Eier nicht über Nacht für eine längere Zeit immer in der gleichen Position verweilen (wie es bei einer geraden Zahl der Fall wäre). Markieren Sie die Seiten mit X und O, dann besteht keine Verwechslungsgefahr.

Nach 14 Tagen im Brutapparat müssen die Eier unmittelbar nach dem Wenden mit warmem Wasser (39 °C) besprüht werden. Die Brutzeit für Gänseeier liegt zwischen 33 und 35 Tagen, und es ist sehr gut, dass nicht alle Gänseküken gleichzeitig schlüpfen.

DURCHLEUCHTEN

Nach 7 Tagen im Brutapparat können Sie die Eier durchleuchten und alle entfernen, die nicht befruchtet wurden – ganz gleich, ob sie klar oder trüb erscheinen.

Bis jetzt sind sie noch ziemlich hässlich.

SCHLÜPFEN

Gehen Sie genauso vor, wie bei den Enten beschrieben (siehe Seite 53). Sie merken sofort, wenn das Schlüpfen begonnen hat, und zwar an einem Ton, der an das Pfeifen eines Wasserkessels erinnert.

AUFZUCHTKASTEN

Sobald die Küken geschlüpft sind, warten Sie noch 24 Stunden, bis das Daunenkleid trocken ist. Dann setzen Sie die Küken in einen Aufzuchtkasten, der mit Heizstrahler, Gänsestarterfutter, Wasser und Sägespänen versehen ist. Er sollte sicher und unzugänglich für Ratten sein.

PRÄGEN

Was die Küken in den ersten 24 Stunden nach dem Schlüpfen am häufigsten sehen, halten sie für ihre Mutter. Erfolgt diese Prägung auf einen Menschen, kann das sehr lustig sein, denn die Gänseküken werden ihm überallhin im Laufschritt folgen. Die Schwierigkeiten stellen sich jedoch ein, wenn man sie allein lassen muss. Es löst Stress aus, wenn die Küken ihre Mutter nicht finden. Aus diesem Grund lassen wir sie normalerweise lieber als Gruppe zusammen.

4 TRUTHÜHNER

WISSENSWERTES

TRUTHÜHNER

Warum sollte man Truthühner (Puten) halten? Es sind nicht die Eier, die einem dabei als Erstes in den Sinn kommen; die meisten denken dabei an ein festliches Mahl mit einem Truthahnbraten als Mittelpunkt. Diese großen, lichte Wälder bewohnenden Vögel eignen sich nicht für die Massentierhaltung, und Rassen, die nach den strengsten Auflagen gezüchtet wurden, sind sehr teuer. Wir haben uns für die Haltung entschieden, um die Kosten für den weihnachtlichen Biotruthahn zu sparen. Außerdem wissen wir jetzt genau, was jeder Vogel bekommt, und das Fleisch schmeckt fantastisch. Ein weiterer Vorteil: Ein Truthahn gibt ein sehr spezielles Geschenk für Freunde und Nachbarn ab.

VORTEILE
- Truthühner sind sehr friedfertige Tiere.
- Wenn Sie ein Tier als Festtagsbraten auswählen, wissen Sie ganz genau, woher es stammt und was da auf den Tisch kommt.
- Truthühner sind ziemlich leise – die Hähne lassen zur Balzzeit ein „Kollern" ertönen, ansonsten machen sie keinen Lärm.

NACHTEILE
- Truthühner sind krankheitsanfällig und haben eine schwache Konstitution.
- Bei schwachem Licht sehen Truthühner relativ schlecht. Es kann einige Geduld erfordern, wenn Sie die Vögel abends in den Stall treiben. Unser Tipp: Fangen Sie damit an, bevor es dunkel wird.
- Man kann Truthühner nicht 2 Jahre hintereinander auf demselben Gelände halten; das heißt, sie benötigen sehr viel Platz, um wechseln zu können.

GRUNDLAGEN
Halten Sie Ihre Truthühner draußen auf einer kleinen Koppel, die durch einen Elektrozaun vor Raubtieren geschützt ist und geben Sie ihnen einen entsprechend großen Schuppen und eine Sitzstange in der Mitte ihres Geheges als Schlaf- bzw. Ruheplatz. Die Haltung selbst erfordert wenig Aufwand, sie umfasst lediglich Füttern und regelmäßiges Reinigen. Wir geben unseren Tieren Truthahnfutterpellets, die weniger Protein enthalten als kommerzielles Futter. Wir können uns diese Art der Fütterung erlauben, da wir die Vögel schon sehr früh im Jahr bekommen. So haben sie genügend Zeit, um groß und stark zu werden mit dem Protein, das sie über die Nahrung in ihrem Gehege aufnehmen – Käfer und andere Insekten. Truthühner benötigen außerdem Muschelgrit, um sich gesund zu entwickeln. Er ist für sie so etwas wie Messer und Gabel, denn damit zerkleinern sie die Nahrung im Kropf und können die Nährstoffe verwerten.

HINWEISE
- Geben Sie Ihren Truthühnern täglich frisches Wasser.
- Stellen Sie Muschelkalk zur Verfügung.
- Schützen Sie Ihre Truthühner durch einen hohen Elektrozaun – er hält Füchse draußen und die Vögel drinnen.
- Im Stall benötigen Truthühner Sitzstangen, die einiges an Gewicht tragen müssen.

Während der Balz sind Kehllappen und Karunkel der Männchen besonders beeindruckend.

Truthühner sind neugierig und gar nicht ängstlich.

- Halten Sie Truthühner nicht im gleichen Gehege wie Hühner.
- Wechseln Sie jedes Jahr den Lebensbereich der Vögel und vermeiden Sie es, sie auf demselben Stück Boden zu halten.

WELCHE RASSE?

- Norfolk Black, unser Favorit, ist eine Rasse mit schwarzem Federkleid. Sie wachsen langsamer heran als viele kommerzielle Züchtungen und schmecken dabei ganz vorzüglich. Die Männchen erreichen immerhin ein Gewicht von gut 13 kg.
- Cambridge-Bronzeputen sind nach der ungewöhnlichen Farbe ihrer Federn benannt, die in der Sonne bräunlich-kupfergrün schimmern. Sie müssen häufig künstlich befruchtet werden.
- Narragansetts sind eine sehr gut schmeckende und dank verschiedener Einkreuzungen auch ziemlich robuste Rasse. Die Vögel haben ein sanftes Gemüt und eignen sich sehr gut für die Zucht.
- Jersey-Buff-Puten haben braunrote Federn und sind gute Eierleger.
- Bourbon Reds stammen aus Kentucky und Pennsylvania und können das enorme Gewicht von 15 kg erreichen. Sie haben ein kastanienrotes Gefieder mit weißen Schwanzfedern.

FUTTER

Truthühner benötigen spezielles Futter, damit sie die notwendigen Mineralien aufnehmen können. Frei laufende Vögel mit Zugang zu einem Feld können sich ausgewogener ernähren als solche, die nur im Stall gehalten werden. Der Vorteil: Sie nehmen auf diese Weise mehr Protein auf und werden größer. Wir verwenden einen verzinkten Futterspender, den wir täglich mit frischen, trockenen Truthahnfutterpellets auffüllen. In den ersten 5 Wochen erhalten die Tiere reines Starterfutter, von der 5. bis zur 8. Woche mischen wir Aufbaufutter in Pelletform darunter, um die Ernährung in der Wachstumsphase zu ergänzen. Aufbaufutter- und Endmastfutterpellets enthalten weniger Protein und bilden die Basisernährung der Truthühner bis zur Schlachtung. Wir geben ihnen jeden Tag frisches Futter, da Truthühner nicht besonders reinlich sind und sie mit Kot an den Füßen auf dem Futterspender stehen. Unsere Futterspender haben zudem eine Abdeckung, dadurch kann das Futter nicht durch Regen verdorben werden.

WASSER

Truthühner benötigen sauberes Wasser, damit sie nicht dehydrieren. Außerdem enthält Wasser Mineralien, die für Wachstum und Entwicklung der Vögel notwendig sind. Noch einmal: Geben Sie täglich frisches Wasser!

FLÜGEL STUTZEN

Um die Bewegungsfreiheit der Vögel einzuschränken, reicht es, einen Flügel zu stutzen; das stört das Gleichgewicht beim Abheben. Wenn Sie beide stutzen, werden die Truthühner bald wieder fliegen. Dazu kürzen Sie die Schwungfedern mit einer scharfen Schere, und zwar bis zum Übergang zu den nächsten Federn. Schneiden Sie nicht zu tief, damit Sie keine Blutgefäße verletzen. Truthühner sind friedliebend; wenn Sie ruhig und bestimmt bleiben, dann halten auch die Vögel still, und das Flügelstutzen ist dann kein Stress für die Tiere.

TRUTHÜHNER ALS FLEISCHLIEFERANTEN HALTEN

Die Methoden für das Rupfen und Ausnehmen von Truthühnern entsprechen denen für Hühner (siehe Seite 33–37).

METHODE 20
PUTENSTALL

Truthühner zu halten ist beliebt, denn die Vögel wachsen schnell heran. Deshalb planen wir den Stall lieber gleich etwas größer, zumal die Anfangsmaße der Vögel kein guter Gradmesser dafür sind, was uns an Weihnachten erwartet. Da der Stall nicht zu teuer sein sollte und die Vögel wenig Sinn für Ästhetik haben, nutzten wir einen frei stehenden Schuppen. Truthühner brauchen eine Sitzstange und genügend Freiraum, um herumzuwandern und Samen, Insekten und junge Schösslinge zu vertilgen.

Ständige Futter- und Wasserversorgung

EINEN PUTENSTALL PLANEN

Ein großer Schuppen lässt sich ohne Aufwand in einen Putenstall verwandeln. Noch besser eignet sich eine alte Scheune. Sie können auch einen ehemaligen Hühnerstall verwenden, müssen ihn aber reinigen und desinfizieren, ehe Sie ihn für Truthühner nutzen.

Der Stall sollte frei von Zugluft sein, aber dennoch eine gute Ventilation aufweisen. Es ist ein schmaler Grat zwischen diesen beiden Anforderungen, aber die Truthühner sollten vor kaltem Wind geschützt sein und trotzdem nicht in einem geschlossenen Kasten leben müssen. Sie benötigen für den Stall einen stabilen Boden, bedeckt mit Streu und Sägespänen. Als Alternative können Sie ein Tiefstreusystem (siehe Seite 81) verwenden.

Weitere notwendige Elemente sind eine Tür, um Windböen und mögliche Raubtiere abzuhalten, sowie eine kontinuierliche Versorgung mit Wasser und Futter.

EINEN PUTENSTALL AUFSTELLEN

Wenn Sie den Schuppen direkt auf den Boden stellen, kann Feuchtigkeit aufsteigen und die Gesundheit der Truthühner beeinträchtigen. Für ihr Wohlbefinden ist es besser, sie legen ein Lattengerüst als Basis unter den Stall, das für ausreichende Luftzirkulation sorgt.

Halten Sie Truthühner niemals 2 Jahre hintereinander auf demselben Stück Land (siehe auch Seite 82 unter „Schwarzkopfkrankheit").

EINEN PUTENSTALL BAUEN

Sobald Sie einen passenden Schuppen gefunden haben, der sich als Stall eignet, bringen Sie an den Seitenwänden große Sitzstangen aus Holz an. Sie sollten mindestens 2,5–5 cm dick sein, da erwachsene Truthühner sehr schwer werden können.

FREI LAUFEND

Wenn Sie Ihre Truthühner draußen nach Nahrung suchen lassen, schmeckt ihr Fleisch besser! Diese Theorie leuchtet ein, denn solche Vögel sind glücklicher und gesünder. Frei laufend bedeutet, dass die Truthühner tagsüber ständigen Zugang zu einem Außenbereich haben. Am besten wäre es, wenn sich darauf unterschiedlicher Bewuchs findet. Außerdem profitieren die Tiere von frischer Luft und Sonnenlicht, das hält den Körper und besonders die Augen gesund. Truthühner, die ihr natürliches Verhalten ausleben können, entwickeln auch kräftigere Beine – ideal für einen großen Schlegel!

UMZÄUNUNG

Ein Zaun ist wesentlich, um Ihre Truthühner vor Raubtieren zu schützen. Einen Elektrozaun anzuschließen ist keine schwierige Aufgabe. Zuerst stellen Sie eine voll aufgeladene Deep-Cycle- oder Verbraucherbatterie neben den Zaun und schließen ein Elektrozaungerät an. Es setzt die Batteriespannung in einen elektrischen Stromstoß um, der bei Berührung des Zauns abgegeben wird. Achten Sie darauf, dass die Anlage geerdet ist; dazu den Erdungsstab

in den Boden stecken. Feuchten Sie die Erde an, damit sofort ein Kontakt entsteht. Die Batterie hält eine ganze Weile. Sie können die Batterie auch durch einen Sonnenkollektor und eine Ladekontrolleinheit ersetzen. Packen Sie das gesamte System in eine große Plastik- oder Holzkiste, dann ist es vor Regen und Schnee geschützt.

TIEFSTREUSYSTEM

Damit schaffen Sie ein Kompostsystem unter dem Boden Ihres Putenstalls. Beginnen Sie mit einer 15 cm dicken Schicht Holzspäne, darauf geben Sie eine Mischung aus Kienspänen, Stroh und stickstoffhaltigem Putenkot. Es sollten genügend Späne sein, um den Boden vollständig zu bedecken. Die Vögel übernehmen die weitere Durchmischung, indem sie herumlaufen und scharren. Entfernen Sie die Streu nicht vor Jahresende. Am besten funktioniert diese Kompostierung auf Steinboden, da die Feuchtigkeit einen Holzboden beschädigen kann.

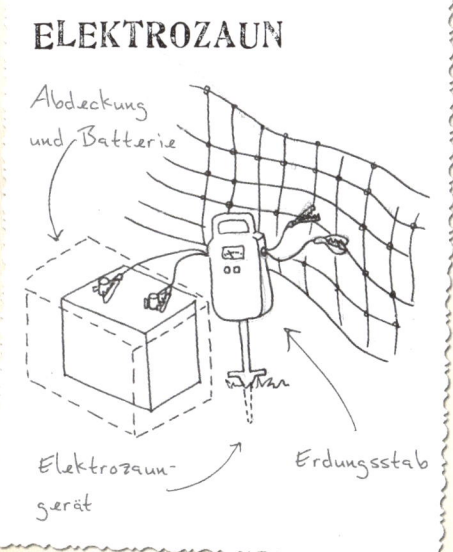

METHODE 21
SCHÄDLINGE & KRANKHEITEN

Truthühner sind äußerst krankheitsanfällig, und manchmal sterben sie einfach ohne einen ersichtlichen Grund. Aber Sie können einiges tun, um das Risiko zu senken – und Vorbeugen ist besser als Heilen. Meistens werden Truthühner nur für eine kurze Zeit bis zum Schlachten gehalten. Wir finden, dass im heimischen Umfeld aufgezogene Rassen etwas robuster sind als kommerziell gehaltene Tiere – und sie benötigen weniger Futter, was die Haltung billiger macht.

SCHWARZKOPFKRANKHEIT

Der Erreger dieser Krankheit ist die größte Bedrohung für Ihre Truthühner – vor allem für Jungvögel im Alter von 3–18 Wochen. Leider ist er weit verbreitet. Er kann im Boden bis zu 1 Jahr überleben und benutzt Würmer oder Schnecken als Transportwirte. Wegen der Schwarzkopfkrankheit sollten auch Hühner getrennt gehalten werden, denn der Parasit lebt in ihrem Muskelmagen, ohne Symptome hervorzurufen, und kann auf Truthühner übertragen werden.

Anzeichen eines Befalls sind schwefelgelber Kot und oft auch ein toter Vogel. Die Tiere hören auf zu fressen und wirken apathisch. Kamm und Kehllappen nehmen eine dunkle blauschwarze Farbe an – daher der Name! Die Behandlung ist schwierig, am besten ist Vorsorge: Halten Sie die Truthühner separat und lassen Sie sie erst nach 2 Jahren auf ein Areal, auf dem zuvor Hühner waren.

RAUBTIERE

Die größte Gefahr für Truthühner sind Füchse (siehe Seite 26–27); Jungvögel können auch Wieseln, Mardern und Ratten zum Opfer fallen. Schützen Sie die Vögel durch einen stabilen Stall, der nachts abgeschlossen werden kann, und einen Elektrozaun. Dieser ist eher dazu da, Füchse abzuwehren, als Truthühner drinnen zu halten. Achten Sie darauf, dass er dicht und hoch genug ist, sonst steigen größere Vögel einfach darüber hinweg.

Ein Elektrozaun erlaubt es Ihren Truthühnern, sich frei auf dem Grundstück zu bewegen. Wenn Sie beabsichtigen, Truthühner dauerhaft zu halten, schützt dieser Auslauf vor Überweidung und verhindert die Ansammlung von Krankheitskeimen.

WEGFLIEGEN

Truthühner streifen gern umher. Obwohl sie in sozialen Gruppen zusammenleben,

Lassen Sie nicht zu, dass sie ihrem Instinkt folgen.

benötigen sie als ehemalige Waldbewohner ein Gebiet, das sich mindestens 50 m um ihre Unterkunft herum erstreckt. Trotz ihres Gewichts können sie fliegen, und ab und zu sieht man einen Vogel im Geäst eines Baumes sitzen. Keiner unserer Vögel ist jemals weiter weggeflogen, trotzdem fanden wir sie abends mitunter auf dem Dach des Nachbarhauses wieder. Wir lernten schnell und brachten die Vögel vor Einbruch der Dunkelheit in den Stall, um uns diese Unannehmlichkeiten zu ersparen. Da sie weiterhin wegflogen, mussten wir die Flügel stutzen.

GESUNDHEITSVORSORGE

Eine gesunde Truthühnerschar beginnt mit Eiern oder Jungvögeln aus dem Bestand eines seriösen Züchters, dessen Vögel keine Krankheiten zeigen. Die meisten Kreuzungen sind ziemlich robust, Sie sollten nur einige grundlegende Vorsichtsmaßnahmen treffen. Neu gekaufte Tiere müssen zuerst in Quarantäne, ehe sie mit den anderen zusammengebracht werden. Bedenken Sie, dass Jungvögel am stärksten gefährdet sind, da sich ihr Immunsystem erst noch entwickeln muss.

STRESS

Im Umgang mit Truthühnern sollte man sich bewusst sein, dass Vermeidung von Stress eine wesentliche Rolle für ihr Wohlbefinden spielt. Daher sind wir immer möglichst ruhig und freundlich mit den Vögeln. Es ist leicht zu erkennen, ob sie unter Stresssymptomen leiden; dazu zählen Überbelegung sowie ein Mangel an Futter, Wasser oder Nährstoffen (insbesondere Salz, das in kommerziellen Futtermitteln enthalten ist). Dann rupfen die Vögel Federn aus – bei sich oder bei anderen, was sogar in Kannibalismus ausarten kann. Blut zeigt an, dass der Vogel Schnabelhiebe abbekommen hat. Sondern Sie ihn von der Schar ab, bis die Wunden verheilt sind und er nicht länger Opfer der anderen ist.

METHODE 22
EIER LEGEN & AUFZUCHT

Wir kaufen im Sommer 6–8 Wochen alte Truthühner und schlachten Sie vor den Weihnachtsfeiertagen. Sie können aber auch selbst im Frühjahr Eier ausbrüten, wenn Sie entsprechend ausgerüstet sind. Das bedeutet zusätzliche Kosten für die Tiere im Frühjahr und für die Ausrüstung, kann sich aber zu einem rentablen, von zu Hause aus betriebenen Geschäft entwickeln. Dazu kommen Puteneier, die bestimmt noch nicht jeder gegessen hat.

GRUNDAUSSTATTUNG
- Nestboxen
- Wasserbehälter
- Futterspender
- Paarungssattel
- Truthahnaufzuchtpellets
- Lichtquelle und Zeitschaltuhr

EIER LEGEN

Eine Henne beginnt in der 28. Woche mit dem Legen, etwa vom Spätfrühling bis in den Hochsommer. Dabei werden aus den zuerst gelegten Eiern am Ende des Jahres die schwersten Vögel. Wenn Sie den Ertrag an Eiern verbessern möchten, installieren Sie ein Licht im Stall, das die Sonnenstunden auf 14 pro Tag verlängert. Verbinden Sie die Lichtquelle mit einer Zeitschaltuhr und beginnen Sie im zeitigen Frühjahr mit 1 Stunde Extralicht pro Woche, bis sie die 14 Stunden am Tag erreicht haben. In einer guten Saison dauert das etwa 16–20 Wochen. Leichtere Rassen können mehr als 100 Eier legen, schwerere etwa 50.

AUFZUCHT

Sie benötigen kräftige Truthühner von gleicher Form und Färbung. Ideal ist ein Verhältnis Hahn zu Hennen von 1 : 10. Im ersten Jahr sind die Vögel am fruchtbarsten.

Wechseln Sie Ihren Bestand regelmäßig, um Inzucht zu vermeiden, und tauschen Sie Hennen aus, deren Nachkommen nicht dem Standard entsprechen. Dies ist notwendig, um eine gute Basis für gesunde, kräftige Truthühner heranzuzüchten. Für den Eigenbedarf darf die Zucht etwas weniger selektiv sein, aber auch hier sollten Sie es richtig angehen.

Hier sind Tipps für die Auswahl. Das Tier sollte
- in guter Verfassung sein und nicht zu Krankheiten neigen,
- problemlos laufen,
- eine gleichmäßige Gewichtsverteilung und aufrechte Haltung zeigen,
- ein guter Eierleger sein, mit einer hohen Rate von geschlüpften Küken.

Die Truthuhnrassen haben sich in einer Weise entwickelt, die das natürliche Ausbrüten der Eier zum Problem machen kann. Einige Hähne sind zu groß, um die Hennen zu begatten; daher wird ihr Samen zur künstlichen Befruchtung genommen. Dabei können mehrere Hennen mit einer Samenentnahme befruchtet werden. Allerdings braucht man für eine künstliche Befruchtung spezielle Kenntnisse und Genehmigungen, und Sie sollten sie besser den Fachleuten überlassen.

BRÜTENDE TRUTHÜHNER

Bei Truthühnern ist es genauso wie bei Hühnern: Wenn man sie lässt, fangen sie an zu brüten. Allerdings geben sie keine guten Mütter ab. Vielleicht, weil dieser Instinkt als Nebenprodukt der intensiven Züchtung verloren gegangen ist. Eine brütende Henne verlässt ihr Gelege die nächsten 25–28 Tage nicht (es gibt immer Ausnahmen von der Regel), bis die Küken schlüpfen, und sie kann sich sehr gut um die Jungen kümmern.

Wir wollten schon immer mal versuchen, Truthühner selbst zu züchten, aber bis jetzt haben wir den Rat der Züchter befolgt, die uns mit den Vögeln beliefern: Die Zucht lohnt den Aufwand nicht. Angesichts der Tatsache, dass Truthühner eine Lebenserwartung von über 10 Jahren haben, ist die Haltung von Zuchttieren eine Investition in die Zukunft, zumal sie dann auch für einen Braten zu zäh sind. Uns gefällt besonders die Idee eines brütenden Truthuhns – angesichts ihres Territorialverhaltens und der lauten Geräusche, die sie von sich geben, können wir uns ihre Wildheit vorstellen und zollen ihnen unseren Respekt!

SÄTTEL

Im Spätwinter beginnen die sonst eher friedlichen Männchen damit, sich aufzuplustern und den Weibchen mehr Aufmerksamkeit zu schenken. Es sieht vielleicht etwas komisch aus, aber der Henne einen Sattel aufzulegen dient als Schutz für sie. Dadurch kommt es zu weniger Verletzungen der Weibchen bei der Begattung. Der Sattel besteht aus Leder oder Segeltuch und wird so auf dem Rücken der Henne platziert, dass sie mit den Flügeln durch die Laschen schlupfen kann. Sie muss den Sattel vom Frühling bis in den Frühherbst tragen. Anfangs wird die Henne etwas unbeholfen sein, aber sie kann damit laufen, springen, fliegen und alle normalen Bewegungen ausführen. Untersuchen Sie die Hennen in der Zeit öfter nach Verletzungen und behandeln Sie diese gegebenenfalls mit Jodlösung.

Truthenne mit Sattel

METHODE 23
BRÜTEN & SCHLÜPFEN

Die Richtlinien für das Ausbrüten von Eiern gelten für alle domestizierten Geflügelarten. Puteneier lassen sich relativ leicht bebrüten, aber Sie müssen sofort nach der Eiablage damit beginnen. Meist startet man die Aufzucht mit Jungvögeln, die bis zu den Weihnachtsfeiertagen für die Familie herangefüttert werden, sodass sich das Problem „Brüten" nicht stellt. Doch wenn Sie zusehen möchten, wie Ihre eigenen Truthuhnküken schlüpfen, versuchen Sie es einfach.

GRUNDAUSSTATTUNG
- Thermometer
- Sprühflasche
- Brutapparat
- Taschenlampe
- Truthahnstarterfutter
- Infrarot-Brutlampe
- Aufzuchtkasten

BEFRUCHTETE EIER
Puteneier sind etwa so groß wie Enteneier und sollten in Kisten mit dem breiten Ende nach oben gelagert werden, ehe Sie mit dem Bebrüten beginnen. Entfernen Sie angeknackste, beschädigte oder missgebildete Eier.

Lagern Sie die Eier in einer kühlen Speisekammer oder einem Schrank höchstens 1 Woche. Kurz bevor sie in den Brutapparat kommen, sollten Sie die Eier an die Raumtemperatur anpassen. Bedenken Sie: Mit jedem Lagertag verringert sich die Chance, dass ein Küken aus dem Ei schlüpft.

BRUTAPPARAT
Ein automatischer Brutapparat ist ideal, um beim Bebrüten der Puteneier ein optimales Ergebnis zu erzielen. Denken Sie daran, dass alles peinlichst sauber sein sollte: die Eier und auch der Apparat selbst. Am besten reinigen Sie ihn gründlich mit einem Desinfektionsmittel. Die Temperatur im Inneren bietet nämlich ideale Lebensbedingungen für Bakterien und andere Mikroorganismen.

Stellen Sie den Brutapparat in einen Raum mit einer möglichst gleich bleibenden Temperatur. In seinem Inneren sollte sie 37,5 °C betragen, und die Luftfeuchtigkeit sollte bei 55 % liegen.

DURCHLEUCHTEN
Nach 1 Woche im Brutapparat können Sie die Eier herausnehmen und mit einer Taschenlampe (siehe Seite 30–31) durchleuchten. Überprüfen Sie, ob der Embryo lebt – dann ist ein Geflecht aus Adern sichtbar – und ob sich an einem Ende der Luftsack entwickelt. Wenn das Ei durchsichtig erscheint, ist es wahrscheinlich unbefruchtet. Rote oder schwarze Flecken oder ein roter Ring sprechen für einen frühen Tod des Embryos. Alle Eier, die im Inneren gesprenkelt sind, können von Bakterien befallen sein und sollten aussortiert werden.

SCHLÜPFEN
Nach 25 Tagen beginnt der Schlüpfvorgang mit einem leisen Piepsen. Jetzt ist es an der Zeit, die Temperatur auf 37 °C und die

Luftfeuchtigkeit auf 75 % einzustellen. Am 28. Tag sollten alle Küken geschlüpft sein. Nachdem ihr Daunenkleid getrocknet ist, sehen sie wie knuffige Bällchen aus. Aus etwa 50 % der bebrüteten Eier schlüpfen Küken und davon werden nur 30 % älter als 2 Wochen.

AUFZUCHTKASTEN

Sobald ihr Daunenkleid trocken ist, setzen Sie die Küken in einen Aufzuchtkasten, der mit Heizstrahler, Truthahnstarterfutter, Wasser und Sägespänen versehen ist. Schauen Sie öfter nach den Küken und sorgen Sie dafür, dass der Aufzuchtkasten für Ratten unzugänglich ist.

Aufzuchtkästen sind üblicherweise rund oder haben zumindest abgerundete Ecken. Dadurch können sich die Küken nicht in einer Ecke zusammendrücken und gegenseitig ersticken. Beobachten Sie die Tiere, dann werden Sie schnell merken, ob die Temperatur stimmt. Wenn es den Küken zu kalt ist, drängen sie sich direkt unter der Lampe aneinander. Ist es ihnen zu warm, drängen sie möglichst weit weg von der Lampe. Mit der Zeit können Sie die Wärme reduzieren, indem Sie die Lampe höher hängen oder die Spannung reduzieren.

METHODE 24
SCHLACHTEN

Ein Truthahn gibt immer einen tollen Festtagsbraten ab. Vor allem Weihnachten ist eine gute Zeit, um die Vögel zu schlachten. Normalerweise schlachten und rupfen wir die Tiere 7 Tage vor der Zubereitung. Wie bei allen Geflügelarten sollten auch Truthühner kurz vor dem Schlachten nicht mehr gefüttert werden; wichtiger ist allerdings, dass die Vögel abhängen können, um Geschmack und Aroma zu entwickeln. Wir verwenden dafür ein gut gekühltes Nebengebäude.

VORBEREITUNG

Frei laufende, langsam aufgezogene Vögel haben ein ganz anderes Fleisch als solche, die einer Massentierhaltung entstammen. Ihre Muskeln sind gut entwickelt, und beim Schlachten hat man es mit einem kräftigen Vogel zu tun.

Die Truthühner können ein stattliches Ausmaß erreichen – unsere wiegen bis zu 12,5 kg und passen gar nicht in den normalen Backofen. Auch für die Schlachtung dieser größeren Geflügelarten gilt generell, was bei der Hühnerschlachtung beschrieben wurde (siehe Seite 32–33). Da Truthühner größer sind, empfiehlt es sich auch hier, mit einem erfahrenen Schlachter zusammenzuarbeiten.

Achten Sie darauf, dass der Vogel in den letzten 24 Stunden nichts mehr zu fressen bekommt. Wie bei allen anderen Geflügelarten sollten Sie den Vogel erst dann aus seinem Stall holen, wenn alle Vorbereitungen abgeschlossen sind. Verwenden Sie dieselbe Methode wie für große Enten (siehe Seite 55) oder Gänse.

RUPFEN

Einen noch warmen Vogel zu rupfen ist leichter als einen kalten, deshalb sollten Sie sofort nach dem Schlachten damit beginnen (siehe Seite 33–35). Befreien Sie den ganzen Körper von seinen Federn bis zu den kleinen warzigen Auswüchsen bzw. dem Büschel am Hals. Wie bei einem großen Vogel nicht anders zu erwarten, bedeuten die Schwungfedern harte Arbeit – Zeit für die Zange. Das Rupfen eines Vogels kann 10–15 Minuten dauern.

Da die Vorbereitung der Truthühner für uns den Beginn der Weihnachtszeit darstellt, machen wir daraus ein gesellschaftliches Ereignis. Manchmal rupfen bis zu vier Personen an einem Vogel: Zwei beschäftigen sich mit den Flügeln (die viel Einsatz für wenig Fleisch erfordern), einer mit der Vorder- und einer mit der Rückseite.

ABHÄNGEN

Bevor man die gerupften Vögel abhängt, muss man sie noch wiegen. Truthühner sollten an den Füßen in einem kühlen Schuppen abgehängt werden. Dadurch reift das Fleisch aus und wird aromatischer.

Wir lassen die Vögel je nach Wetterlage 5–7 Tage abhängen und nehmen sie in der Regel 1 Tag vor der Zubereitung aus.

COUNTDOWN BIS ZUM FEST

- 7 Tage vor dem Braten den Truthahn schlachten und rupfen.
- Den gerupften Vogel 5–7 Tage abhängen.
- 1 Tag vor der Zubereitung den Vogel ausnehmen und in den Kühlschrank legen.
- Den Truthahn zubereiten – und den Festschmaus genießen!

AUSNEHMEN

Gehen Sie genauso vor wie beim Ausnehmen eines Huhns (siehe Seite 36–37). Sie werden schnell merken, dass es leichter geht, weil das Tier wesentlich größer ist.

Wir präsentieren den fertig hergerichteten Truthahn nicht ohne Stolz zusammen mit einem Teil der Innereien (Herz, Muskelmagen, Leber, Hals), die wir in der Körperhöhle sauber arrangieren. Zum Schluss entfernen wir sorgfältig alle winzigen Federkiele.

Alles vorbereitet zum Braten

5 REZEPTE

WISSENSWERTES

REZEPTE

Falls Sie Hühner halten, ist es selbstverständlich, Eier zu essen. Genießen Sie ruhig jeden Bissen. Wir haben in diesem Kapitel einen Abschnitt über die Zubereitung von Eiern eingefügt, denn jeder Geflügelhalter hat ab und zu einen Überschuss und sollte daher wissen, was man alles Leckeres daraus zaubern kann.

EIER UND GEFLÜGEL ESSEN

Wenn Sie sich die Mühe gemacht haben, Ihre eigenen Tiere großzuziehen, müssen Sie sich fragen: Warum sollten Sie das essen, woran Ihr Herz hängt? Unsere Antwort: Weil das Fleisch selbst gezogener Vögel von großartiger Qualität ist. Und was noch wichtiger ist: Nur so haben wir die Kontrolle darüber, wie die Vögel gehalten und gefüttert, ja sogar wie sie getötet und zubereitet werden. Es ist kein Spaß, einen Vogel zu schlachten, aber so wissen Sie, dass es schnell und auf humane Weise geschieht. Nach vielen Monaten, in denen Sie sich um die Vögel gekümmert haben, ist dies das Letzte, was Sie für sie tun können – erweisen Sie ihnen die Ehre, alle Teile zu verwerten.

EINIGE FERTIGKEITEN

Um einen Vogel möglichst vollständig zu verwerten, sollten Sie auch wirklich alle Teile nutzen – leider werden manche unterschätzt und daher verworfen. Probieren Sie doch mal, ein Huhn zu zerteilen, denn das ist – genau wie entbeinen, grillen und tranchieren – eine grundlegende Fertigkeit, die man für die Zubereitung von Geflügel beherrschen sollte. Ein gefüllter und gebratener Vogel ist ein Hochgenuss, den man gern mit Gästen teilt, und das Tranchieren am Tisch erhöht die Vorfreude. Eine richtige Offenbarung wird es, wenn Sie den Vogel vorher entbeinen und mit einer Füllung nach eigenem Rezept versehen. Der zusätzliche Vorteil: Sie müssen kein Meister im Tranchieren sein, sondern benötigen lediglich ein scharfes Messer und die Fähigkeit, senkrecht zu schneiden.

Sicherlich möchte niemand Nahrungsmittel verschwenden. Sie sollten also ruhig auch sämtliche Reste verwerten, indem Sie neue köstliche Gerichte daraus zaubern. Nach dem Kochen eines Huhns beispielsweise werden Sie einen Topf voll Brühe haben, der darauf wartet, dass Sie Graupen und Spalterbsen zugeben und eine Hühnersuppe daraus machen.

VIELFALT IST DIE WÜRZE

Vermutlich haben Ihre Familienangehörigen unterschiedliche Lieblingsgerichte – wir mögen zum Beispiel knusprig gebratene Ente, während Sie sich vielleicht für Entenconfit begeistern. Probieren Sie verschiedene Gerichte und Zubereitungen aus, dann werden Sie vielleicht auf eine Delikatesse stoßen, die Sie noch nicht kennen – und sie zu Ihrem Lieblingsgericht machen. Der unvergleichliche Geschmack und die Textur von Gänseleber lohnen unbedingt einen Versuch, und viele halten selbst gemachte Leberpastete für den idealen Einstieg, um Innereien zuzubereiten – mit meist sehr gutem Erfolg.

Eier können auf vielfältige Art zubereitet werden. Hier wird Eigelb geräuchert.

METHODE 25
GEKOCHTE EIER

Wahrscheinlich werden Ihre Hühner, Enten und Gänse versuchen, die Eier vor Ihnen zu verstecken, also bereiten Sie sich darauf vor, sie zu suchen – es lohnt sich. Frische Eier schmecken köstlich und lassen sich auf vielerlei Art zubereiten. Machen Sie sich damit vertraut – und schauen Sie nach Ihren Hennen. Vielleicht sehen sie alle gleich aus, aber es ist ein großer Unterschied, ob Sie Hühner- oder Enteneier kochen.

EIER LAGERN

An einem kühlen und trockenen Platz gelagert, halten sich Eier etwa 3 Wochen. Die Schalen sind porös, besonders bei Enten- und Gänseeiern, deshalb sollten Sie die Eier nicht neben Sachen platzieren, die einen starken Geruch verströmen. Eine Aufbewahrung im Kühlschrank ist nicht notwendig, aber Sie können freien Platz nutzen.

Sie können Eier sogar einfrieren: Eier aufschlagen, in einen Gefrierbeutel geben, die Luft vollständig herausdrücken und den Beutel versiegeln. Sie können auch Eiweiß getrennt einfrieren. Wollen Sie nur Eigelb einfrieren, müssen Sie eine Prise Salz oder Zucker unterrühren, sonst verhärtet es und kann nicht mehr verarbeitet werden.

FRISCHETEST

Eier, die nicht am selben Tag gelegt wurden, können Sie auf simple Weise einer Frischeprüfung unterziehen: Geben Sie sie einfach in eine Schüssel mit Wasser. Alle Eier, die aufsteigen oder schwimmen, sind nicht mehr frisch.

EIER KOCHEN

Für das Kochen eines Eis ist die Größe maßgebend. Alle Tipps dieser Welt können Ihnen nicht zum perfekt gekochten Ei verhelfen, wenn Sie diese nicht immer auf die Größe des jeweiligen Eis übertragen. Junghennen legen kleine Eier, ältere Vögel legen Eier, die 3–4-mal so groß sein können. Für uns ist ein Ei dann optimal gekocht, wenn das Eiweiß und der Außenrand des Eigelbs

Wenn sich das Ei aufstellt und schwimmt, ist es alt.

KOCHZEITEN

Die Angaben gelten für mittelgroße Eier, sobald das Wasser zu kochen beginnt.

	ZUSTAND	ZEIT
Huhn	weich	2½ Minuten
	mittel	3 Minuten
	hart	4 Minuten
Ente	weich	2 Minuten
	mittel	3½ Minuten
	hart	6 Minuten
Gans	weich	4 Minuten
	mittel	6 Minuten
	hart	9 Minuten
Wachtel	mittel	1 Minute
	hart	2 Minuten

Sonntagsfrühstück

fest sind. Danach haben wir unsere Kochzeiten ausgerichtet.

Sobald die Eier Raumtemperatur haben, in einen Topf geben, vollständig mit leicht gesalzenem Wasser bedecken und erhitzen. Erst wenn das Wasser kocht, beginnt die Zeitmessung.

HART GEKOCHTE EIER

Man sollte meinen, dass es das Einfachste auf der Welt sei, ein Ei perfekt hart zu kochen, aber leider kann es sehr schnell verdorben werden, was man an der Verfärbung des Eigelbs erkennt. Hier ist ein todsicherer Tipp, wie es gelingt: Die Eier in den Topf geben, mit leicht gesalzenem Wasser bedecken und erhitzen. Wenn das Wasser kocht, den Topf sofort vom Herd nehmen, einen Deckel aufsetzen und 13 Minuten stehen lassen. Dann mit kaltem Wasser abschrecken, bis die Eier vollständig erkaltet sind – das dauert etwa 5 Minuten. Die Eier schälen und genießen.

POCHIERTE EIER

Für das Pochieren nehmen Sie am besten ganz frische Eier. Bei ihnen umschließt das Eiweiß das Eigelb vollständig und sorgt dafür, dass es seine Form behält. Gänseeier eignen sich nicht fürs Pochieren, da sie fast nur aus Eigelb bestehen und pochiert nicht sehr appetitlich aussehen.

Verwenden Sie eine Pfanne (das ist günstiger als ein hoher Topf, da sich die Eier leichter formen und herausnehmen lassen) und füllen Sie diese etwa 5 cm hoch mit gesalzenem Wasser. Geben Sie einige Esslöffel Essig hinzu – wir bevorzugen Apfelessig. Sobald das Wasser kocht, schlagen Sie das Ei in eine Tasse auf und lassen es langsam in die Pfanne gleiten. Die Hitze reduzieren und garen. Ein perfekt pochiertes Hühnerei benötigt 2–3 Minuten, ein Entenei 1 Minute mehr. Die fertigen Eier heben Sie mit einem Löffel heraus. Wie bei Spiegeleiern sehen Sie sofort, ob die Eier gar sind – pochierte Eier sollten im Inneren noch flüssig sein.

EIER IM GLAS

Darunter versteht man Eier, die in ein Gefäß aufgeschlagen und im Wasserbad gegart werden. Es gibt dafür kleine Töpfchen mit Deckel aus Porzellan, aber auch Auflaufförmchen sind geeignet. Zuerst die Töpfchen in einen Topf mit kochendem Wasser stellen (ein Drittel der Gefäßhöhe). Sobald sie heiß sind, etwas Butter in jedes Töpfchen geben, zerlassen und das Ei hineinschlagen. Mit Salz und Pfeffer würzen. Mit einem Deckel verschließen – 8 Minuten köcheln lassen, bis die Eier gar sind.

Es gibt verschiedene Möglichkeiten, um Eier im Glas zu verfeinern:
- Mischen Sie fein gehackten, luftgetrockneten Schinken unter die Butter, bevor Sie das Ei zugeben.
- Reiben Sie etwas Muskatnuss über die Butter, ehe Sie das Ei ins Glas geben.
- Mischen Sie fein gehackten Spinat unter die Butter und lassen Sie das Ganze einige Minuten ziehen, bevor Sie das Ei dazugeben.

RÜHREIER

Dafür benötigen Sie lediglich Eier, Butter und Gewürze. Die Kunst besteht darin, die Eier nur so lange zu garen, dass sie noch weich und cremig sind. Zum Schluss wird ein Extrastück Butter dazugegeben.

Die Eier verquirlen und eine Prise Salz zugeben. Für 4 Personen benötigen Sie 8 Hühner-, 6 Enten- oder 4 Gänseeier. Enten- und Gänseeier haben einen höheren Eigelbanteil als Hühnereier, sodass das Rührei eine tiefgoldene Farbe bekommt. 50 g Butter in einer beschichteten Pfanne zerlassen, die Eier zugeben und unter Rühren erhitzen. Sobald die Eier gar, aber noch cremig sind, vom Herd nehmen und weitere 25 g Butter hinzufügen. Die Eier stocken weiter, während die Butter schmilzt. Kurz vor dem Servieren mit schwarzem Pfeffer würzen.

Rührei lassen sich auf vielerlei Art ergänzen:
- Geben Sie etwas Räucherlachs hinzu. Es muss nicht viel sein, 50 g gehackter Lachs, gegen Ende unter die Eier gerührt, reicht für 4 Personen. Dazu passt Toastbrot sehr gut.
- Verfeinern Sie Ihre Eier mit klein gehackter Petersilie, die Sie ebenfalls gegen Ende zugeben.
- Für eine sommerliche Note sorgen gehäutete, gehackte Tomaten, die auch erst kurz vor Ende des Garens hinzugefügt werden.

SPIEGELEIER

Spiegeleier gelingen so gut wie immer, solange Sie eine beschichtete Pfanne und ausreichend Öl und Butter verwenden. Es hängt von Ihrer persönlichen Vorliebe ab, wie lange Sie die Eier braten und wie fest Sie das Eigelb wünschen.

Etwas Öl oder Butter auf mittlerer Stufe in einer beschichteten Pfanne erhitzen und das Ei hineinschlagen. Vorsichtig braten, sodass sich die Hitze gleichmäßig verteilen kann, bis das Eiweiß fest ist und das Eigelb die gewünschte Konsistenz hat. Mit einem Pfannenwender herausnehmen, überschüssiges Fett abtropfen.

Es gibt einen guten Grund, warum klassische Salate zu unseren Lieblingsspeisen zählen – sie gelingen immer! Ein hart gekochtes Ei ist für sich allein noch nichts Umwerfendes, aber als Zutat in einem Salade niçoise ist es das Tüpfelchen auf dem i. Unsere Variante ist sehr einfach und schnell zubereitet.

FÜR 4 PERSONEN

SALAT

400 g neue Kartoffeln
125 g Prinzessbohnen, geputzt
4 kalte, hart gekochte Eier, geschält
einige Handvoll gemischte Salatblätter
200 g Tomaten, klein geschnitten
100 g schwarze Oliven, entkernt
150–250 g Thunfisch aus der Dose
12 Sardellenfilets aus der Dose
2 rote Zwiebeln (nach Belieben)

VINAIGRETTE

100 ml Olivenöl
2 EL Weißweinessig
1 EL fein gehackter frischer Schnittlauch
1 EL frisch gehackte Petersilie
1 TL abgeriebene Zitronenschale
Salz und frisch gemahlener schwarzer Pfeffer

SALADE NIÇOISE

In einem Topf gesalzenes Wasser zum Kochen bringen. Die Kartoffeln halbieren, in den Topf geben und 15 Minuten kochen, bis sie weich sind. In der Zwischenzeit in einem kleineren Topf gesalzenes Wasser ebenfalls zum Kochen bringen, die Bohnen zufügen und einige Minuten garen. Fertig gekochte Kartoffeln und Bohnen abtropfen und auskühlen lassen.

Die hart gekochten Eier halbieren. Die Salatblätter in eine Schüssel geben und Tomaten, Oliven sowie Thunfisch darauf anrichten. Dann mit kalten Kartoffeln und Bohnen sowie Sardellen und Zwiebeln belegen.

Die Zutaten für die Vinaigrette in eine kleine Schüssel geben, mit Salz und Pfeffer würzen und mit einem kleinen Schneebesen gut verrühren. Die Vinaigrette unmittelbar vor dem Servieren über den Salat träufeln.

Enteneier sind gehaltvoller als Hühnereier, und diese Variante schottischer Eier ergibt einen herzhaften Snack. Für dieses Rezept gilt: Je fetter das Entenfleisch, desto besser! Wenn es sehr mager ist, kratzen Sie das Fett aus den Resten der Haut oder nehmen Sie 1 Esslöffel vom fest gewordenen Entenfett aus dem Bräter.

FÜR 4 PERSONEN

400 g gegartes Entenfleisch
Saft von ½ Orange
abgeriebene Schale von 1 Orange
3 Frühlingszwiebeln, in feinen Ringen
4 kalte, weich gekochte Enteneier, geschält
3 EL Mehl, plus etwas mehr zum Bestäuben
Salz und frisch gemahlener schwarzer Pfeffer
1 Ei, verquirlt
100 g frische Semmelbrösel
Pflanzenöl, zum Frittieren

SCHOTTISCHE ENTENEIER

Entenfleisch, Orangensaft und eventuell übrig gebliebenes Entenfett etwa 1 Minute in der Küchenmaschine zerkleinern, bis sich ein Fleischball formt. In eine Schüssel geben, Orangenschale und Frühlingszwiebeln hinzufügen und gut durchmischen. Die Mischung in 4 Portionen teilen und auf einer mit Mehl bestäubten Arbeitsfläche jeweils zu einem Kreis ausrollen. Die Eier darin einschlagen und zu einem Ball formen.

Das Mehl zusammen mit Salz und Pfeffer auf einen Teller geben, daneben je eine Schale mit verquirltem Ei und Semmelbröseln stellen. Die ummantelten Eier zuerst im Mehl, dann in der Eimasse und zuletzt in den Semmelbröseln wälzen.

Das Pflanzenöl in einer Fritteuse oder einer großen Pfanne auf 185 °C erhitzen und die Eier darin 5 Minuten frittieren, bis sie goldbraun sind. Die fertigen Eier auf Küchenpapier abtropfen lassen.

Enteneier in einem Mantel aus Entenfleisch

Sobald unsere Sauce hollandaise fertig ist, kann man sie nicht wieder erhitzen. Das heißt, es hängt alles vom richtigen Timing ab. Sie können den Mixbehälter in heißes Wasser stellen, um die Sauce warm zu halten, müssen aber ständig rühren.

FÜR 4 PERSONEN

12 Scheiben trocken gepökelter Schinken
(Räucherspeck ist eine leckere Alternative)
2 Toasties, fertig halbiert
Apfelessig, zum Pochieren
4 Eier

SAUCE HOLLANDAISE
200 g Butter
3 Eigelb
½ TL Dijon-Senf
Salz und weißer Pfeffer

Eier Benedict

Den Schinken in einer Pfanne ohne Fett anbraten, bis er knusprig ist, dann vom Herd nehmen und warm stellen. Die Toastiehälften in einen Toaster geben, aber noch nicht toasten. Für die pochierten Eier Wasser in einem Topf zum Kochen bringen.

Für die Sauce hollandaise die Butter in einem kleinen Topf zerlassen. Eigelb, Senf, Salz und Pfeffer in einen Mixer füllen.

Wenn das Wasser kocht, einen Spritzer Apfelessig und eine Prise Salz zufügen (siehe Seite 96). Die Eier in das kochende Wasser geben und die Hitze reduzieren.

Den Toaster einschalten – die Toastzeit passt perfekt in die Zeitspanne von 2–3 Minuten, die man für das Pochieren der Eier braucht – und die Hitze unter dem Wassertopf in dem Moment reduzieren, wenn die Toasties herausspringen.

Den Mixer einschalten. Falls die gewählte Stufe zu hoch ist und das Eigelb im Glas herumspritzt, das Eigelb mit einem Teigschaber wieder hinunterschieben. Nach 30 Sekunden langsam die heiße Butter hineintröpfeln lassen – es sollte etwa 1 Minute dauern.

Zum Anrichten Toasties, Schinken, pochiertes Ei und darüber die Sauce hollandaise (es ist nicht nötig, die Toasties mit Butter zu bestreichen; davon ist schon ausreichend in dem Gericht enthalten).

Mit dieser Pizza kann ein pochiertes Ei mal auf eine andere und interessante Art serviert werden. Der knusprige Rand, der geschmolzene Käse und der zarte Spinat harmonieren großartig und ergeben einen vorzüglichen Geschmack.

FÜR 2 PERSONEN

SAUCE

1 EL Olivenöl

1 Knoblauchzehe, gehackt

50 g passierte Tomaten

1 EL fein gehacktes frisches Basilikum

Salz und frisch gemahlener schwarzer Pfeffer

PIZZATEIG

150 g Mehl, plus etwas mehr zum Bestäuben

2 EL Olivenöl

25–50 ml kaltes Wasser

BELAG

150 g Spinat

75 g schwarze Oliven, entsteint

50 g Mozzarella

50 g Gorgonzola

1 TL Apfelessig

1 großes Entenei

PIZZA MIT ENTENEI

Den Backofen auf 220 °C vorheizen.

Für die Sauce das Olivenöl in einem Topf erhitzen. Den Knoblauch dazugeben und einige Minuten dünsten, bis er weich, aber noch nicht gebräunt ist. Passierte Tomaten und Basilikum hinzufügen, umrühren und mit Salz und Pfeffer abschmecken.

Für den Pizzateig Mehl und Öl in eine Küchenmaschine oder Rührschüssel geben und gut durchmischen; so viel Wasser einarbeiten, bis ein weicher Teig entsteht. Den Teig 5 mm dick auf einer mit Mehl bestäubten Arbeitsfläche ausrollen und die Sauce darauf verteilen.

Für den Belag in einem großen Topf Wasser zum Kochen bringen und den Spinat kurz blanchieren. Abgießen, die Blätter ausdrücken, um so viel Wasser wie möglich zu entfernen, und dann den Spinat zusammen mit Oliven, Mozzarella und Gorgonzola über die Pizza verteilen. Mit Salz und Pfeffer würzen und 8 Minuten im Ofen backen.

Während die Pizza im Ofen ist, etwas Wasser in einem flachen Topf erhitzen und den Apfelessig hineingeben. Das Entenei aufschlagen, vorsichtig hineingleiten lassen und 3–4 Minuten pochieren, dann wieder herausnehmen und auf Küchenpapier abtropfen lassen. Die Pizza aus dem Ofen nehmen und das pochierte Ei in die Mitte geben. Dann weitere 3 Minuten im Ofen backen. Die Pizza sofort servieren.

Dieses Gericht ist die Krönung für einen vegetarischen Brunch, aber wer möchte, kann den Käse auch durch geräucherten Speck ersetzen. Für das Räuchern benötigen Sie nur Folie, Reis und Tee – und glauben Sie uns, es lohnt einen Versuch.

FÜR 4 PERSONEN

1 EL Zucker
1 EL Teeblätter
1 EL Reiskörner
4 Eier
2 Scheiben Brot
1 EL Olivenöl, plus etwas mehr zum Braten
Salz und frisch gemahlener schwarzer Pfeffer
1 EL Orangenzesten

4 kleine eingelegte Rote Beten (oder 2 große)
1 EL Balsamico-Essig
4 Scheiben Halloumi
1 Prise Paprikapulver
Salatblätter, zum Servieren

GERÄUCHERTE EIER MIT HALLOUMI

Zum Räuchern eine tiefe Pfanne mit einem großen Stück Alufolie auslegen (es sollte den Pfannenrand ein gutes Stück überragen). Zucker, Teeblätter und Reis in einer kleinen Schüssel gut vermischen und in die Mitte der Alufolie geben. Einen Deckel auf die Pfanne setzen, die Ränder der Folie über den Deckel schlagen und das Ganze so abdichten, dass der Rauch eingeschlossen wird. Die Pfanne 2 Minuten sehr stark erhitzen.

Die Eier trennen (das Eiweiß wird nicht benötigt und kann eingefroren werden). Aus Alufolie 4 Quadrate von 10 cm Seitenlänge schneiden, zu kleinen Näpfen formen und leicht einölen. Je 1 Eigelb in ein Näpfchen geben. Den Deckel von der Pfanne nehmen, die Näpfchen auf die Räuchermischung setzen und den Deckel wieder aufsetzen. Die Eier 3–4 Minuten räuchern.

Für die Croûtes eine Pfanne trocken erhitzen. Die Brotscheiben in dünne Streifen schneiden und mit dem Olivenöl beträufeln. Salz, Pfeffer und Orangenzesten darüberstreuen. In der Pfanne knusprig braten, herausnehmen und auf Küchenpapier abtropfen lassen.

Die Roten Beten in schmale Streifen schneiden und in eine Schüssel geben. Den Essig hinzufügen und 5 Minuten ziehen lassen. Wenn die Croûtes fertig sind, in derselben Pfanne etwas Öl erhitzen und die Halloumi-Scheiben darin braten. Die Prise Paprika sorgt für den besonderen Pfiff. Mit Salz und Pfeffer würzen und zusammen mit geräucherten Eiern und Rote-Bete-Streifen auf den Salatblättern und den Croûtes anrichten.

Die Quiche schmeckt am besten frisch aus dem Ofen. Wenn es die Zeit erlaubt, lassen Sie sie eine halbe Stunde stehen, dann ist sie immer noch warm und schmeckt köstlich. Sie können die Füllung nach Belieben variieren. Uns schmeckt die Kombination aus süßlichen Zwiebeln und pikantem Ziegenkäse besonders gut.

FÜR 4 PERSONEN

TEIG
150 g Mehl, plus etwas mehr zum Bestäuben
75 g kalte Butter, in kleinen Würfeln
1 TL kaltes Wasser

FÜLLUNG
1 rote Zwiebel
200 g weicher Ziegenkäse
2 Eier
2 Scheiben Brot
1 EL frische Thymianblätter
200 g Sahne
Salz und frisch gemahlener schwarzer Pfeffer

QUICHE MIT ZIEGENKÄSE & KARAMELLISIERTEN ZWIEBELN

Den Backofen auf 180 °C vorheizen. Das Mehl in eine Schüssel sieben, die Butter dazugeben und in das Mehl reiben, bis die Masse krümelig ist. Das Wasser hinzufügen, kurz einarbeiten und den Teig zu einer Kugel formen.

Den Teig auf einer mit Mehl bestäubten Arbeitsfläche zu einem dünnen Kreis ausrollen und in eine Springform (20 cm Ø) drücken. Im Abstand von 1 cm mit einer Gabel einstechen. Backpapier in der Größe des Bodens ausschneiden, zusammenknüllen, wieder glatt streichen und flach auf den Boden drücken. Darauf eine Schicht Backbohnen geben und den Boden 15 Minuten im Ofen blindbacken. Backbohnen und Backpapier entfernen und den Teig weitere 5 Minuten backen. Herausnehmen und abkühlen lassen. Den Backofen nicht ausschalten.

Für den Belag die Zwiebel so in Spalten schneiden, dass die einzelnen Segmente an der Basis noch verbunden sind. Eine Pfanne sehr stark erhitzen, die Zwiebelspalten hineingeben und einige Minuten erst auf einer, dann auf der anderen Seite karamellisieren lassen.

Die Zwiebelspalten auf dem Boden der Quiche anrichten, dann zwei Drittel des Ziegenkäses in großen Stücken darübergeben. Die Eier in einer Schüssel gut verquirlen, dann den restlichen Käse, Thymianblätter (einige wenige zurückbehalten), Sahne sowie etwas Salz und Pfeffer dazugeben und weitere 15 Sekunden rühren.

Die Eiermischung vorsichtig über die Quichefüllung gießen. Die Quiche 25 Minuten im Ofen backen, bis sie goldbraun ist. Kurz vor dem Servieren mit den zurückbehaltenen Thymianblättern bestreuen.

Mit einem frischen Salat ergibt die Frittata eine wunderbare Mahlzeit, die zudem einfach und schnell zubereitet ist. Sie können das Rezept auch nach Belieben variieren, indem Sie Kartoffeln oder Zwiebeln durch das ersetzen, was Ihnen in den Sinn kommt.

FÜR 4 PERSONEN

natives Olivenöl extra
1 Zwiebel, halbiert und in Scheiben
3 Knoblauchzehen, in Scheiben
4 Kartoffeln, geschält, halbiert und in 5 mm dicken Scheiben
8 Eier
Salz und frisch gemahlener schwarzer Pfeffer
geriebener Käse (nach Belieben)

FRITTATA

In einer flachen Pfanne mit Antihaftbeschichtung etwas Olivenöl auf mittlerer Stufe erhitzen. Zwiebel und Knoblauch zugeben und einige Minuten dünsten, dann die Kartoffeln hineingeben und etwa 10 Minuten garen, bis sie weich werden – regelmäßig wenden, wenn Kartoffeln und Zwiebel keine Farbe annehmen sollen.

Die Eier in einer Schüssel verquirlen, salzen und über die Kartoffelmischung in die Pfanne gießen. Fertig gestocktes Ei nach 20 Sekunden mit einem Pfannenwender vom Rand zur Mitte schieben, sodass flüssige Eiermasse in die Lücken nachfließen kann (dadurch wird die Frittata leichter). Kartoffeln und Zwiebelstücke sollten dabei gleichmäßig verteilt bleiben.

Dann wird die Frittata von der Unterseite her fertig gebraten. Traditionalisten bestehen darauf, die Frittata zu wenden, indem sie sie auf einen Teller stürzen und mit der anderen Seite wieder in die Pfanne gleiten lassen. Dabei ist es viel einfacher, die Frittata 1 Minute unter den vorgeheizten Bachofengrill zu stellen, um auch die Oberseite knusprig zu braten. Vorher den geriebenen Käse darüberstreuen.

Sobald die Frittata fertig ist, auf einen Teller geben und mit Pfeffer würzen. Etwas abkühlen lassen, in Stücke schneiden und bei Zimmertemperatur servieren – so schmeckt sie am besten.

Enteneier eignen sich hervorragend zum Backen – vielleicht liegt es an der Fülle des Eigelbs oder am Verhältnis Eiweiß zu Eigelb? Jedenfalls schmecken die daraus zubereiteten Kuchen fantastisch. Beachten Sie jedoch, dass Enteneier in der Größe stark variieren: Unsere Indian Runner legen Eier, die etwa so groß wie Hühnereier sind, während die Eier von Muscovy-Enten die doppelte Größe erreichen.

FÜR 6–8 PERSONEN

TEIG

125 g Mehl

1¼ TL Backpulver

100 g Butter, plus etwas mehr zum Einfetten

100 g Feinstzucker, plus etwas mehr zum Dekorieren

2 Enteneier, verquirlt

150 g Sahne, steif geschlagen

2 EL Erdbeerkonfitüre

BISKUITKUCHEN AUS ENTENEIERN

Den Backofen auf 160 °C vorheizen. Zwei Springformen (18 cm Ø) leicht einfetten und die Böden mit Backpapier belegen.

Mehl und Backpulver in eine große Schüssel sieben, dabei das Sieb hochhalten. Die Butter in 5 mm große Würfel schneiden und zusammen mit Zucker und Eiermasse zum Mehl geben. Die Zutaten gut verrühren. Der Teig sollte so flüssig sein, dass er von einem Teigschaber leicht herabrinnt. Wenn er zu fest wird, 1 Teelöffel warmes Wasser zugeben und einrühren.

Den Teig auf die beiden vorbereiteten Springformen verteilen und im Ofen 30 Minuten backen. Sobald der Biskuit fertig ist, aus dem Ofen nehmen und auf einem Kuchengitter auskühlen lassen.

Nach dem Abkühlen eine Schicht Sahne auf den ersten und eine Schicht Erdbeerkonfitüre auf den zweiten Biskuitboden streichen. Den Boden mit der Konfitüre mit der bestrichenen Seite vorsichtig auf den Boden mit dem Sahnebelag legen. Zuletzt mit etwas Zucker bestreuen.

METHODE 26
GEFLÜGEL BRATEN

Einen gebratenen Vogel im Ganzen zu servieren, ist immer beeindruckend. Die Zubereitung erfordert meist einige Zeit, aber während der Braten im Ofen ist, können Sie das ganze Drumherum vorbereiten. Ein großer Vogel ist mitunter einige Stunden im Ofen, also heißt es, gut zu planen und jeden freien Zeitraum zu nutzen. Sie können beispielsweise in den letzten 45 Minuten ein Blech mit Gemüse in den Ofen stellen und mitbacken, bis der Braten fertig ist – so nutzen Sie Ihren Ofen optimal.

DEN BRATEN VORBEREITEN

Beim Braten beeinflussen viele Faktoren die Temperatur und die Garzeit. Um Ihr Geflügel in einen perfekten Braten zu verwandeln, müssen Sie immer daran denken, die Vorgaben auch an die Eigenschaften Ihres Backofens anzupassen.

Sie sollten Ihren Backofen gut kennen. Da es viele unterschiedliche Modelle gibt, kann es notwendig sein, Ihren Braten zu wenden, um eine gleichmäßige Bräunung zu erzielen. Außerdem verhält sich ein Vogel, der aus der Kühltruhe direkt in den Ofen gestellt wird, ganz anders als einer, der langsam auf Zimmertemperatur gebracht wurde. Es empfiehlt sich allerdings nicht, einen Vogel vor dem Braten stundenlang auf einer Arbeitsfläche liegen zu lassen, Sie sollten ihn besser eine halbe Stunde vor der Zubereitung aus dem Kühlschrank holen. Ferner ist zu berücksichtigen, dass der Luftstrom bei gefülltem Geflügel völlig anders geleitet wird als bei einem Vogel, dessen Körperhöhlen offen sind. Das bedeutet, dass Garzeiten variieren. Testen Sie daher immer, ob Ihr Braten auch gar ist (siehe Seite 117).

EINEN BRÄTER AUSWÄHLEN

Die wichtigste Ausrüstung für das Braten von Geflügel ist ein guter Bräter. Wir selbst verwenden eine altmodische Bratenform mit Deckel, in dessen Rillen der Dampf kondensiert und wieder zurücktropft. So wird der Vogel während des Bratens ständig begossen.

Ihr Bräter sollte nicht viel größer als der Vogel sein, damit der Saft nicht herausspritzt und verdampft und sich die Rückstände womöglich entzünden. Wenn Sie eine Gans oder Ente braten, legen Sie einen kleinen Rost in den Bräter. Dadurch liegt der untere Teil des Vogels nicht im Fett und wird gut gebraten.

GRUNDLAGEN

Für das Braten von Geflügel gilt Folgendes:
- Den Vogel wiegen und dementsprechend Temperatur und Garzeit festlegen.
- Den Backofen vorheizen.
- Einen Bräter in der richtigen Größe wählen.
- Nach der Hälfte der Garzeit prüfen, ob der Vogel durch Alufolie abgedeckt werden sollte oder ob er begossen werden muss.
- Während des Bratens auf das Brustfleisch achten, damit es nicht zu trocken wird.

- Am Ende der Garzeit testen, ob der Vogel auch wirklich gar ist.
- Nach dem Braten den Vogel einige Zeit an einem warmen Platz ruhen lassen.

EIN HUHN FÜLLEN

Zum Aromatisieren in das Innere eine viertel Zitrone oder Orange und einige Knoblauchzehen geben. Wenn Sie das Huhn nicht füllen möchten, geben Sie Butter oder eine Mischung aus Butter und Ihren Lieblingskräutern (Estragon ist hervorragend) unter die Haut, ehe Sie mit dem Braten beginnen.

Ein kleinerer Vogel profitiert von einer Füllung; sie hält das Fleisch saftig und fördert den Bratvorgang. Lockern Sie mit den Fingern die Haut über der Brust und drücken Sie die Füllung darunter. Nachdem Sie die Hälfte auf diese Weise eingearbeitet haben, drücken Sie den Rest der Füllung unter den großen Hautlappen. Drehen Sie den Vogel um und stecken Sie den Hautlappen mit einem Metallspieß fest. Reiben Sie den Vogel mit Butter ein und braten Sie ihn entsprechend der empfohlenen Zeit (siehe auch Seite 116–117).

Alternativ den Vogel mit Butter bestreichen und mit 300 ml Wasser, Karotten, Porree und Zwiebeln in den Bräter geben und braten. Bei dieser Zubereitung fällt reichlich Bratensaft für die Sauce an, aber die Unterseite des Vogels wird nicht so knusprig.

SO BLEIBT DAS HUHN SAFTIG

Das Brustfleisch der meisten Geflügelarten wird schnell trocken und muss daher beim Braten entsprechend geschützt werden. So können Sie die Haut mit einer Farce unterfüllen (das Fett aus der Fleischmasse tränkt nach und nach das Brustfleisch) oder Speckscheiben auf die Brust des Huhns legen und diese entfernen, sobald das Fett ausgeflossen ist (der knusprige Speck schmeckt köstlich) oder einfach den Vogel regelmäßig begießen.

EINFACHE FÜLLUNG FÜR EIN HUHN

Für 1 Huhn (2,5 kg)

500 g Fleischbrät
2 Scheiben Schinkenspeck, gehackt
Hühnchenleber (von den Innereien)
abgeriebene Schale von 1 Zitrone
150 g frische Semmelbrösel
3 EL frisch gehackte Petersilie
Salz und frisch gemahlener schwarzer Pfeffer

Alle Zutaten in einem hohen Rührbecher gut vermixen.

EIN HUHN FÜLLEN

Die Finger von der Halsöffnung her unter die Haut über der Brust schieben. Die Hälfte der Brust mit der Hälfte der Füllung bedecken, mit dem Rest den großen Hautlappen füllen.

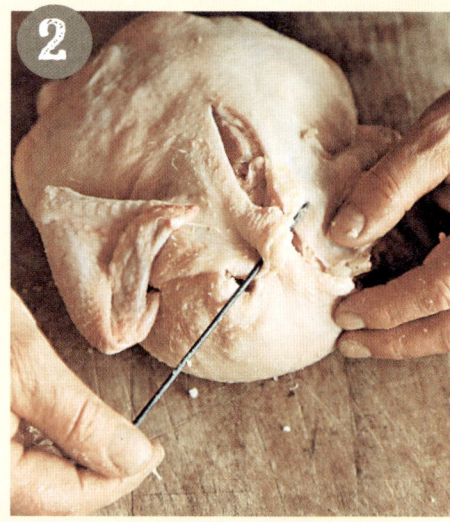

Den Vogel umdrehen und den Hautlappen mit einem Metallspieß unter der Körperöffnung des Vogels feststecken.

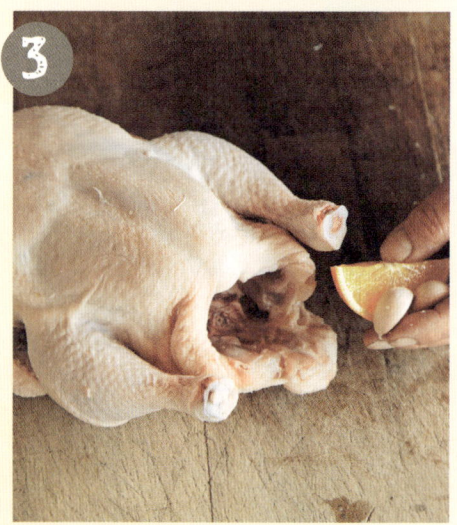

Eine viertel Orange und einige Knoblauchzehen in die Bauchhöhle schieben, das intensiviert den Geschmack.

Zuletzt den Vogel mit Butter bestreichen und entsprechend der empfohlenen Zeit braten.

EIN HUHN BRATEN

Den Backofen auf 200 °C vorheizen und die notwendige Garzeit berechnen (15 Minuten pro 500 g). Vergessen Sie nicht, dabei auch das Gewicht der Füllung (falls verwendet) zu berücksichtigen. Nach der Hälfte der Garzeit überprüfen Sie, ob der Braten gut gart. Falls die Haut des Vogels zu schnell bräunt, decken Sie ihn für den Rest der Bratzeit lose mit Alufolie ab. Drehen Sie den Vogel herum und prüfen Sie, ob er überall gleichmäßig bräunt.

Regelmäßiges Übergießen sorgt dafür, dass das Fleisch schön saftig bleibt. Dafür den Bräter leicht kippen und den Bratsud mit einem Löffel über den Vogel gießen. Der Nachteil ist, dass bei häufigem Begießen Hitze aus dem Ofen entweicht. Deshalb sollten Sie den Vogel dazu herausnehmen und den Ofen so lange geschlossen halten. Als Richtwert gilt: alle 10 Minuten begießen.

IST DER BRATEN AUCH GAR?

Nachdem die Garzeit abgelaufen ist, überprüfen Sie, ob das Fleisch auch wirklich gar ist. Dafür gibt es drei Methoden:
- Bratenthermometer – Das Thermometer an der dicksten Stelle des Vogels einstechen, entweder in der Brust über dem Flügelknochen oder im Oberschenkel. Es sollte nicht mit Knochen in Berührung kommen und mindestens 70 °C anzeigen, wenn der Vogel aus dem Backofen genommen wird.
- Metallspieß – Wenn Sie einen Metallspieß in den dicksten Teil der Brust oder des Oberschenkels stechen, sollte der austretende Saft klar und nicht rosa sein.
- Beinprobe – Wenn Sie vorsichtig das Bein eines gebratenen Truthahns oder eines Huhns vom Körper wegziehen, sollte es locker nachgeben, anstatt den Körper mitzuziehen.

DAS HUHN RUHEN LASSEN

Sobald der Braten fertig ist, nehmen Sie ihn aus dem Ofen, decken ihn locker mit Alufolie ab und lassen ihn 10 Minuten an einem warmen Platz stehen. Das erleichtert das Tranchieren des Vogels, da sich die Fleischfasern entspannen und der Saft gleichmäßig im Braten verteilt wird.

BASIS FÜR BRATENSAUCE

Kein Braten ist vollkommen ohne eine Sauce aus dem in der Pfanne zurückgebliebenen Fett und Fleischsaft. Also unbedingt aufheben! Am besten bereiten Sie die Sauce gleich im Bräter zu, dann fangen Sie alle Aromen ein. Gießen Sie den Bratsud in einen feuerfesten Krug; nach kurzer Zeit hat sich das Fett abgesetzt und schwimmt als Schicht obenauf. Geben Sie 3 oder 4 Esslöffel Fett zurück in den Bräter und heben Sie den Rest im Kühlschrank für eine andere Verwendung auf. Eine gebratene

EIN GEBRATENES HUHN TRANCHIEREN

Das Bein vom Körper wegziehen und mit einem Messer das Hüftgelenk durchtrennen. Auf der anderen Seite wiederholen.

Die Schenkel in Ober- und Unterschenkel teilen. Das Fleisch von den Knochen abschneiden.

Vom oberen Ende der gefüllten Brust Fleischscheiben abschneiden. Die Dicke hängt von Ihrer persönlichen Vorliebe ab, aber warmes Fleisch lässt sich besser dicker aufschneiden.

Die Fleischscheiben auf vorgewärmten Tellern anrichten und sofort servieren, da vor allem Brustfleisch relativ schnell abkühlt.

Ente oder Gans liefert reichlich Fett, das sich sehr gut als Frittierfett und zum Braten von Kartoffeln eignet.

1 Esslöffel Mehl in den Bräter geben. Gut verrühren und dabei alle Bratrückstände lösen. Den Bräter erhitzen und die Mehlmischung unter Rühren erhitzen. Nach Belieben ein Glas Wein zugießen, verrühren und 1 Minute kochen, dann den Fleischsaft aus dem Krug zugießen. Wenn er für die Sauce nicht ausreicht, Wasser oder Geflügelbrühe zugießen. Kurz vor dem Servieren noch 1 Esslöffel Preiselbeerkonfitüre in die Sauce rühren.

TRANCHIEREN UND SERVIEREN

Zuerst die Schenkel abnehmen. Einen Unterschenkel mit den Fingern festhalten, vorsichtig vom Körper wegziehen, dann Haut und Hüftgelenk durchschneiden und das Bein abtrennen. Mit dem anderen Schenkel ebenso verfahren. Die Pfaffenschnittchen (2 kleine Fleischstücke oberhalb der Schenkel im hinteren Rückenbereich) abtrennen sowie Ober- und Unterschenkel teilen. Das Schenkelfleisch parallel zum Knochen abschneiden.

Dann die Flügel abnehmen. Dazu parallel zum Flügel einen tiefen Schnitt in die Brust bis zu den Rippen ausführen, und zwar möglichst nah am Flügelansatz.

Das helle Brustfleisch, am oberen Ende beginnend, zunächst in dünne, dann in etwas dickere Scheiben schneiden. Weiter tranchieren, bis Sie genügend Fleisch für Ihre Gäste haben. Servieren Sie es mit der Bratensauce.

VORSCHLAG: TRUTHAHNBRATEN

Viele haben ein wohlgehütetes Familienrezept für den perfekten Truthahnbraten, zumal er meist nur ein- oder zweimal im Jahr auf den Tisch kommt. Wir füllen unseren Truthahn mit einer ähnlichen Mischung wie für das Rezept auf Seite 115; manchmal variieren wir die Füllung und geben grob gehackte Maronen und Aprikosen dazu. Für einen Truthahn benötigen Sie etwa die dreifache Menge wie für ein Huhn. Und auch das dicke Brustfleisch muss besser gegen Austrocknen geschützt werden. Bedecken Sie den Truthahn nach dem Bestreichen mit Butter noch mit einer zusätzlichen Schicht Schinkenspeck und decken Sie ihn locker mit Alufolie ab, die Sie erst kurz vor Ende der Garzeit entfernen, damit die Haut knusprig-braun wird.

Kleinere Vögel bis zu 6 kg Gewicht werden am besten wie ein Huhn gebraten, das heißt höhere Temperatur bei kürzerer Garzeit. Den Backofen auf 190 °C vorheizen und 10 Minuten Garzeit pro 500 g Gewicht berechnen. Für größere Vögel gilt: Backofen auf 160 °C und 20 Minuten Garzeit pro 500 g Gewicht. Den Vogel mehrmals begießen und nach dem Braten ruhen lassen.

VORSCHLAG: ENTENBRATEN

Den Backofen auf 220 °C vorheizen. Alles sichtbare Fett abschneiden, Flügelspitzen und Schwanzansatz entfernen. Die Ente auf einem Rost über die Spüle legen und mit kochendem Wasser übergießen. Mit Küchenpapier trocknen, solange der Vogel noch warm ist, und die Haut einstechen. Eine Orange in 5 mm dicke Scheiben schneiden (mit Schale) und mit einigen Knoblauchzehen in die Bauchhöhle geben. Die Ente mit der Brust nach unten auf einem kleinen Rost in den Bräter legen. Die Hitze auf 180 °C reduzieren und die Ente in den Ofen stellen. Garzeit: 20 Minuten pro 500 g Gewicht. Die Ente aus dem Ofen nehmen, umdrehen, sodass die Brust oben liegt. Weitere 15 Minuten braten, bis sie rundum knusprig ist. Währenddessen aus den Innereien einen Fond kochen. Orange und Knoblauch aus der Bauchhöhle des Bratens nehmen und mit dem Fond zu einer Sauce verarbeiten.

VORSCHLAG: GÄNSEBRATEN

Auch zur Gans passt jede Art von fruchtiger Füllung. Wer möchte, kann aber vor dem Braten auch Zwiebeln, verschiedene Kräuter und Knoblauch in die Bauchhöhle füllen. Während die Gans brät, die Innereien mit einer grob gewürfelten Zwiebel, 2 Karotten und 1,5 l Wasser in einen Topf geben und ohne Deckel köcheln lassen. Sie können diesen Fond für eine Bratensauce nehmen, die Sie zusammen mit der Gans servieren.

Setzen Sie die Gans auf einen kleinen Rost in den Bräter, damit sie nicht im Fett und Sud gart, sondern schön knusprig gebraten wird.

EINE GANS BRATEN

Für 1 Gans (5 kg)

Salz und frisch gemahlener schwarzer Pfeffer

1 Zwiebel

frische Thymianzweige

frische Salbeiblätter

2 TL Öl

Den Backofen auf 220 °C vorheizen; sobald die Gans in den Ofen kommt, die Hitze auf 200 °C reduzieren. Weitere Anleitungen zum Braten siehe rechts.

Die Gans vorbereiten. Dazu alles Fett aus der Bauchhöhle entfernen.

Brust und Schenkel mit Öl einreiben und großzügig salzen. Die Gans auf einem Rost mit der Brust nach oben in den Bräter setzen.

Mit einem Metallspieß die Haut einstechen, besonders unter den Flügeln.

Die Bauchhöhle der Gans würzen und mit Zwiebel und Kräutern füllen.

Die Gans mit Alufolie abdecken und 1½ Stunden in den Backofen stellen. Herausnehmen und die Folie entfernen. Mit dem Fett aus dem Bräter vorsichtig die Gans begießen. Wieder mit Folie abdecken und weitere 1½ Stunden braten, dann begießen wie zuvor.

Die Gans ohne Folie in den Ofen schieben und 30 Minuten braten, bis sie knusprig ist. Auf einer großen Platte an einem warmen Platz 30 Minuten ruhen lassen und dann servieren.

Nach einem Festtagsbraten gibt es meistens genügend Reste, aus denen sich noch ein leckeres Gericht zaubern lässt. So kochen wir oft mehr Gemüse als notwendig, um am nächsten Tag Gemüsebratlinge auf den Tisch zu bringen. Wir servieren dazu die wieder aufgewärmte Bratensauce, einige Scheiben kaltes Fleisch sowie hausgemachtes Chutney.

FÜR 4 PERSONEN

1 kg gekochtes Gemüse, z.B. Kartoffeln (gekocht, gebraten oder als Brei), gekochte/gebratene Pastinaken, Brokkoli, Blumenkohl, Rosenkohl, Karotten, Erbsen, Porree, Kohl, Steckrüben
Bratfett oder Sonnenblumenöl, zum Braten

ZUM SERVIEREN
kaltes gebratenes Truthahnfleisch
heiße Bratensauce
Chutney

GEMÜSEBRATLINGE MIT TRUTHAHN

Alle Gemüsereste in kleine Stücke schneiden, in eine große Schüssel geben und gut vermengen. Wenn die Mischung zu grob ist und auseinanderfällt, einige größere Gemüsestücke mit den Händen zerdrücken, damit man eine festere Konsistenz erhält. Aus der Masse Bratlinge in der Größe von ordentlichen Burgern formen – wenn sie vollkommen rund sein sollen, können sie mithilfe eines Metallrings in Form gebracht werden.

In einer Pfanne etwas Bratfett oder Sonnenblumenöl erhitzen und die Bratlinge hineinsetzen. Einige Minuten braten, bis sich eine Kruste gebildet hat, dann wenden. Die Hitze reduzieren und noch einige Minuten braten, bis sie gar sind.

Die Bratlinge mit kaltem gebratenem Truthahn, heißer Bratensauce und hausgemachtem Chutney servieren.

Das Gemüse gut durchmischen

Truthahnpastetchen sind ein weiteres klassisches „Resteessen", eine tolle Kombination aus hellem und dunklem Fleisch. Genau wie Hühnchen – übrigens eine sehr gute Alternative – harmoniert Truthahn wunderbar mit Estragon, der vor allem frisch, aber auch getrocknet für ein fantastisches Aroma sorgt.

FÜR 4 PERSONEN

50 g Butter
2 Knoblauchzehen, fein gehackt
1 Zwiebel, fein gehackt
150 g Pilze, in Scheiben
1 EL frisch gehackter Estragon
75 ml Weißwein
400 g helles und dunkles Truthahnfleisch, gebraten und gehackt

400 ml Milch
1 Lorbeerblatt
2–4 EL Mehl
Salz und frisch gemahlener schwarzer Pfeffer
400 g Blätterteig (Tiefkühlware aufgetaut)
1 Ei, mit 1 EL Milch verquirlt

ZUM SERVIEREN
Kartoffeln
Brokkoli

TRUTHAHNPASTETCHEN

Den Backofen auf 180 °C vorheizen.

Die Butter in einem großen Topf zerlassen, Knoblauch und Zwiebel zugeben und glasig dünsten. Dann Pilze, Estragon, Wein und Truthahnfleisch hinzufügen und 5 Minuten garen.

In einem zweiten Topf die Milch mit dem Lorbeerblatt erwärmen. Mit einem Schneebesen das Mehl nach und nach einrühren, bis die Sauce bindet. Sobald sie eine gute Konsistenz erreicht hat und klümpchenfrei ist, die Sauce in den Topf mit dem Truthahnfleisch geben. Umrühren und 2–3 Minuten köcheln lassen, dann mit Salz und Pfeffer abschmecken und auf einzelne Pastetenförmchen verteilen. Beiseitestellen und auskühlen lassen, während der Teig vorbereitet wird.

Den Blätterteig etwa 1 cm dick ausrollen, 4 Kreise ausstechen und auf die Förmchen setzen (wer möchte, kann aus dem restlichen Teig Blättchen als Dekoration für die Teigdecken formen). Den Teig stechen, damit die Füllung nicht überquillt, und mit dem verquirlten Ei bepinseln. Im Ofen 20 Minuten backen, bis die Teigdeckel der Pasteten aufgegangen und goldbraun sind – dabei bleibt genügend Zeit, um Kartoffeln zu kochen, Brokkoli zu dämpfen und das Geschirr abzuwaschen.

Dieses Curry nach thailändischer Art ist ganz einfach zuzubereiten. Mit diesem Rezept wollten wir eher ein leckeres als ein besonders scharfes Gericht auf den Tisch bringen. Um das richtige Gleichgewicht zu finden muss man die richtigen Chilis auswählen: Sie sollten zwar sehr aromatisch, aber nicht überscharf sein.

FÜR 4–8 PERSONEN

2 EL Pflanzenöl
1 Butternusskürbis, grob gehackt
Salz und frisch gemahlener schwarzer Pfeffer
500 g Putenfleisch, in 2,5 cm großen Würfeln
1 EL grüne Thai-Currypaste
Saft von 3 Limetten
2–3 frische rote Chilis, gehackt
2 TL Nam Pla (Fischsauce)
1 TL gemahlene Koriandersamen
4 EL fein gehackter frischer Koriander
2 TL Zitronengraspaste oder 1 Stängel Zitronengras, gehackt
400 ml Kokosmilch aus der Dose
2 EL Sesamöl
6–8 Frühlingszwiebeln, gehackt
frische Korianderblätter, zum Garnieren

PUTEN-CURRY

Das Pflanzenöl in einer großen Pfanne erhitzen und den Kürbis zugeben. Mit Salz und Pfeffer würzen und einige Minuten anbraten, dann Putenfleisch, Currypaste, Limettensaft, Chilis, Fischsauce und gemahlene Koriandersamen hinzufügen. Das Ganze 5–10 Minuten kochen, dann die Hälfte des frischen Korianders und das Zitronengras einrühren. Die Kokosmilch zugießen, die Hitze reduzieren und das Curry 20 Minuten köcheln lassen, bis der Kürbis weich ist.

Das Sesamöl einrühren und den Rest des frischen Korianders mit den Frühlingszwiebeln zugeben. Das Curry mit den frischen Korianderblättern garnieren und mit gekochtem Reis servieren.

Mit diesem Rezept lassen sich die Reste eines Truthahnbratens wunderbar verwerten – dazu schmeckt selbst gemachtes Johannisbeergelee ausgezeichnet. Wir lieben diese besondere Kombination.

FÜR 4–8 PERSONEN

400 g gebratenes, helles und dunkles Putenfleisch, fein zerkleinert

1 TL grobkörniger Senf

1 TL Dijon-Senf

1 kleine Prise gemahlene Gewürznelken

abgeriebene Schale und Saft von 1 Orange

2 TL fein gehackte frische Thymianblätter

1 Prise frisch geriebene Muskatnuss

75 g weiche Butter

Salz und frisch gemahlener schwarzer Pfeffer

1 EL zerlassene Butter

PUTENTÖPFCHEN

Alle Zutaten bis auf die zerlassene Butter in einen Mixer geben. Das Ganze mit der Pulsfunktion einige Sekunden zerkleinern; die Masse darf nicht zu glatt werden, sondern sollte noch Biss haben. Wer keinen Mixer hat, gibt die Zutaten in eine große Schüssel und vermischt sie mithilfe einer Gabel.

Die Mischung auf 4 kleine Auflaufförmchen verteilen und fest andrücken. Die Oberflächen mit der zerlassenen Butter bedecken und auf diese Weise versiegeln. In den Kühlschrank stellen und die Butter erstarren lassen. Die Putentöpfchen können im Kühlschrank etwa 1 Woche aufbewahrt werden.

Die Putentöpfchen mit Johannisbeergelee und Toastscheiben servieren.

Ein Gänsebraten ist eine schwere Mahlzeit, und dieser warme Salat verleiht den Resten wieder neuen Schwung. Rote Stachelbeeren sind süßer als grüne und eignen sich ausgezeichnet für die Sauce, aber das Rezept funktioniert auch mit grünen.

FÜR 2–4 PERSONEN

SALAT

300 g gegartes Gänsefleisch

2 Chicorée

2 Little Gem

Olivenöl, zum Braten

Salz und frisch gemahlener schwarzer Pfeffer

4 Frühlingszwiebeln, in Ringen

50 g Walnüsse, gehackt

2 Handvoll Erbsenkeimlinge

SAUCE

250 g Stachelbeeren (nach Möglichkeit rote)

2 EL Portwein

50 g Zucker

75 ml Wasser

1 EL abgeriebene Orangenschale

SALAT MIT GANS & STACHELBEEREN

Für die Sauce die Stachelbeeren halbieren und zusammen mit Portwein und Zucker in einen Topf geben. Bei mittlerer Hitze 10 Minuten köcheln lassen. Sobald der Alkohol verkocht ist und die Stachelbeeren weich werden, Wasser und Orangenschale hinzufügen. Dann weitere 5–10 Minuten kochen. Die Sauce durch ein Sieb passieren und warm stellen.

Das Gänsefleisch in mundgerechte Stücke, beide Salatsorten in feine Streifen schneiden. Etwas Olivenöl in einer Pfanne erhitzen, Fleisch und Salatstreifen zugeben und rasch darin schwenken, mit Salz und Pfeffer würzen. Frühlingszwiebeln, Walnüsse und Erbsenkeimlinge hinzufügen und einige weitere Minuten erhitzen.

Auf einen großen Servierteller geben, die warme Stachelbeersauce über den Gänsesalat träufeln und sofort servieren.

Appetitliche zarte Salatblätter

Zum Schmoren wird das Fleisch angebraten, bevor es langsam in der Flüssigkeit gegart wird. Es ist eine fantastische Methode, um eine Ente zuzubereiten: Man erhält eine wunderbar aromatische Sauce, und das Fleisch bleibt zart und saftig.

FÜR 4 PERSONEN

450 g geräucherter durchwachsener Speck
1 Ente (ca. 2 kg)
1 Karotte
1 Zwiebel
150 g Maronen
1 Bouquet garni aus frischen Thymianzweigen, Lorbeerblatt, frischem Salbeiblatt und Pfefferkörnern
125 ml Weißwein
300 ml Hühnerbrühe
Butter, zum Braten
8 Chipolata-Würstchen
12 Schalotten, geschält
250 g frische Erbsen

GESCHMORTE ENTE MIT ERBSEN

Den Backofen auf 220 °C vorheizen.

Den Speck in einen Bräter geben und darauf die Ente legen. Karotte, Zwiebel und Maronen um die Ente herumlegen, das Bouquet garni zugeben und bei mittlerer Hitze auf dem Herd mit geschlossenem Deckel 15 Minuten anbraten. Die Ente dabei wenden, sodass alle Seiten gleichmäßig braun werden. Wein und Brühe zugießen und den Deckel wieder aufsetzen. Den Bräter in den Ofen schieben und die Ente 1 Stunde schmoren.

15 Minuten vor Ende der Garzeit etwas Butter in einer Pfanne zerlassen und die Würstchen mit den Schalotten darin anbraten. Warm stellen.

Die fertig geschmorte Ente aus dem Bräter nehmen und auf ein Schneidebrett legen. Die Garprobe ist die gleiche wie beim Entenbraten: einen Metallspieß in die dickste Stelle des Schenkels stechen. Wenn klarer Fleischsaft austritt, ist der Vogel gar. Den Schmorsud in einen Topf gießen und bei mittlerer Hitze einkochen, bis eine sämige Sauce entsteht. Bouquet garni, Gemüsereste und Speck aus dem Bräter entsorgen.

In der Zwischenzeit die Erbsen in einem Topf mit leicht gesalzenem Wasser garen. Die Ente auf einer Servierplatte anrichten, mit etwas Sauce übergießen und zusammen mit Chipolata-Würstchen und Erbsen servieren. Dazu die restliche Sauce in einer Sauciere reichen.

METHODE 27
KNUSPRIGE ENTE

Vorbereitung ist alles.

Knusprige Ente mit Pfannkuchen, ein traditionelles Rezept aus der chinesischen Küche, ist einfach zuzubereiten und verspricht all die wunderbaren Aromen, die man sonst nur aus dem China-Restaurant kennt. Ideal für eine Feier im Familien- oder Freundeskreis: Sobald die Vorbereitungen abgeschlossen sind, setzen sich alle an den Tisch und füllen ihre eigenen Pfannkuchen. Wer möchte, kann aromatische Gewürze wie Sternanis zu der Honigmischung geben.

KNUSPRIGE ENTE MIT PFANNKUCHEN

Für 8 Personen

1 Ente (ca. 2,5 kg)
2 EL Honig, vermischt mit 1 EL Wasser

ZUM SERVIEREN
chinesische Pfannkuchen
Frühlingszwiebeln, fein gehackt
Gurkenstreifen
Pflaumensauce

Eine Ente knusprig braten (siehe Anleitung rechts) und mit chinesischen Pfannkuchen servieren. Dazu Schälchen mit gehackten Frühlingszwiebeln, Gurkenstreifen und Pflaumensauce reichen.

EINE ENTE KNUSPRIG BRATEN

1 Alles sichtbare Fett, die Flügelspitzen und den Schwanzansatz entfernen. Die Bauchhöhle muss sauber sein. Die Ente auf einen Rost über der Spüle legen und langsam mit einem Kessel voll kochendem Wasser übergießen.

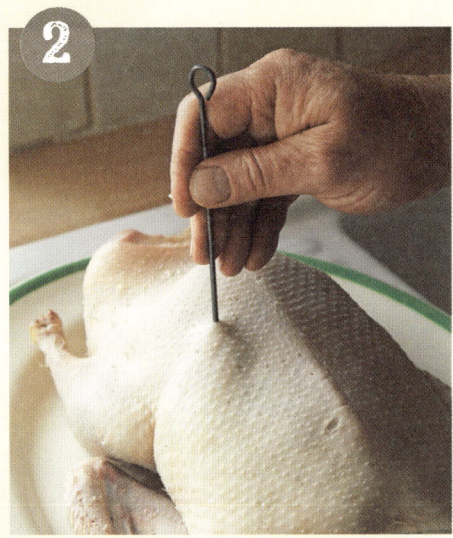

Die Ente mit Küchenpapier abtrocken und, solange sie noch warm ist, die Haut überall mit einem Metallspieß einstechen.

Die Ente mit der Honigmischung bepinseln und mindestens 5 Stunden im Kühlschrank ruhen lassen.

Den Backofen auf 200 °C vorheizen. Die Ente auf einem kleinen Rost in einen Bräter geben und 1½ Stunden braten, ohne sie mit Fett zu begießen. Wenn sie nach 1 Stunde langsam schwarze Stellen bekommt, lose mit Alufolie abdecken – die Haut sollte dunkelbraun sein.

Sobald die Ente fertig gebraten ist, noch wenigstens 15 Minuten ruhen lassen, dann das Fleisch mit einer Gabel zerteilen.

METHODE 28
GEFLÜGELTEILE

Geflügel ist äußerst vielseitig und lässt sich auf ganz unterschiedliche Arten verarbeiten. Wenn Sie Ihre eigenen Vögel als Fleischlieferanten halten, möchten Sie sicherlich so viel wie möglich davon verwerten und die verschiedenen Teile in leckere Gerichte verwandeln. Daher lohnt es sich, mehrere Vögel auf einmal zu schlachten und die jeweiligen Teile einzufrieren, dann haben Sie einen ausreichenden Vorrat für die folgenden Rezepte.

Wenn Sie den Vogel nicht im Ganzen zubereiten, sollten Sie wissen, wie man ihn fachgerecht in Stücke teilt. Alle Geflügelarten haben einen ähnlichen Körperbau. Sobald Sie ein Huhn sicher zerlegen können, wird Ihnen auch ein größerer Vogel wie ein Truthahn oder ein kleinerer wie ein Rebhuhn keine Probleme bereiten. Enten und Gänse heben sich etwas stärker ab. Stellen Sie sich diese Vögel einfach „länger" vor, dann klappt das auch; allerdings ist es nicht üblich, ihre Beine in Ober- und Unterschenkel zu zerlegen.

Geflügelteile sind praktisch, liefern handliche Portionen und verleihen manchem Gericht einen Hauch Raffinesse. Sie können auch experimentieren und die Flügel nicht entfernen. Das verändert das Aussehen des Bruststücks und es wirkt eher wie ein Teil eines Vogels – das ist besonders für kleine Geflügelarten zu empfehlen. Vielleicht möchten Sie auch das Schenkelfleisch auslösen, um es leichter essen zu können?

Brustfleisch wird meist als Brustfilet angeboten – also ohne Haut und Knochen. Wir bevorzugen hier einen Kompromiss: Brustfilet ohne Knochen, aber mit Haut. Oder mögen Sie keine knusprige Haut?

OBERSCHENKEL

Wenn Sie an den alten Spruch glauben, dass „Fett den Geschmack ausmacht", müssten die Schenkel der am besten schmeckende Teil eines Vogels sein. Das dunkle Fleisch zeigt eine wesentlich komplexere Struktur als das helle Brustfleisch, da es von vielen Muskelfasern gebildet wird. Bei einem frei laufenden Vogel, der sein Leben lang in Bewegung war, liefern die Oberschenkel im Verhältnis einen höheren Fleischanteil und sind dank des einzelnen Knochens auch leicht auszulösen. Ein Oberschenkel ergibt normalerweise eine gute Portion, besonders wenn er filetiert und in kleinere Stücke zerteilt ist. Er lässt sich langsam in einer leckeren Sauce garen oder über offenem Feuer grillen und passt daher zu vielen Gerichten.

UNTERSCHENKEL

Die Unterschenkel sind ideal als Fingerfood, und es gibt eine Vielzahl dazu passender Saucen und Marinaden, sodass für jeden Geschmack etwas dabei sein sollte.

BRUST

Bruststücke werden unter den Geflügelteilen am meisten geschätzt. Vielleicht sind Filets ohne Haut und Knochen auch deshalb so

beliebt, weil das helle Fleisch als besonders mager und gesund gilt. Dabei hat eine Brust mit knuspriger Haut auch ihren Reiz. Es kommt nicht darauf an, wie die Brust zubereitet wird, sie darf nur nicht zu lange kochen, sonst wird sie trocken und zäh. Die Brust eines größeren Vogels liefert zwei ordentliche Portionen.

FLÜGEL

Wenn Sie beim Abtrennen der Flügel noch ein Stück Brustfleisch dranlassen, ergibt das eine richtige Portion. Ein ganzer Industriebereich widmet sich scharf gewürzten, vorgegarten Flügeln, und kaum jemand denkt daran, sie selbst aus frischen Zutaten zuzubereiten. Wie bei den Schenkeln gibt es eine Vielzahl von Marinaden dazu.

VORSCHLAG: GEFLÜGELFOND

Was Sie beim Zerteilen eines Vogels abschneiden, geben Sie mit etwas Gemüse (größere Stücke Karotten, Zwiebeln, Lauch und Wintergemüse) in eine Pfanne. Bedecken Sie alles mit Wasser und lassen Sie das Ganze einige Stunden köcheln. Sobald der Fond kalt ist, entfernen Sie Fett nach Belieben, und seihen ihn in eine Schüssel. Die im Sieb verbleibenden Hühnchenteile heben Sie für eine Suppe auf, das Gemüse werfen Sie weg.

VORSCHLAG: HÜHNERSUPPE

Sobald der Fond fertig ist, kratzen Sie das restliche Hühnerfleisch von den Knochen. Geben Sie es mit Graupen und in Würfel geschnittenem Gemüse in etwas Geflügelfond, um eine herzhafte Suppe zu kochen.

EIN HUHN ZERTEILEN

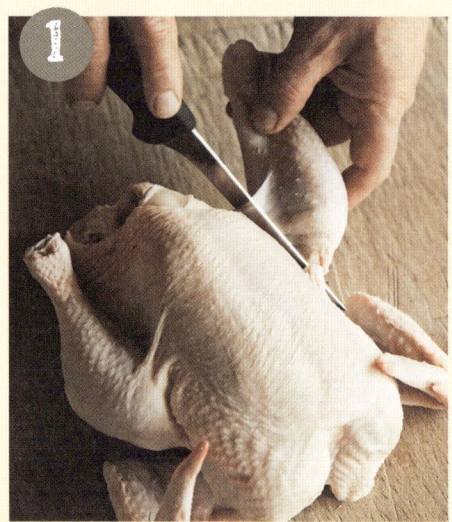

Ein Bein vom Körper wegziehen und die lose Haut einschneiden, bis man das Kugelgelenk sieht.

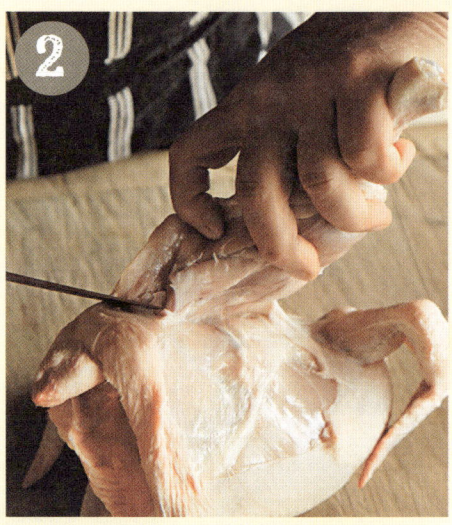

Das Bein hochheben und nah am Körper einschneiden, damit möglichst viel Fleisch am Bein verbleibt.

Um das erste Bruststück zu entfernen, auf einer Seite des Brustbeins durch das Fleisch schneiden. Dabei nah am Knochen bleiben, bis sich die Brust von der Karkasse löst.

Sich weiter vorarbeiten bis zum Flügel. Sobald die Brust frei ist, das Flügelgelenk durchtrennen und den Flügel mit der Brust ablösen. Auf der anderen Seite wiederholen.

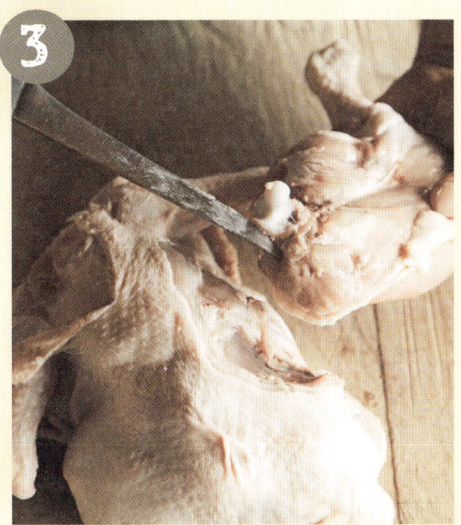

Das Bein ablösen, indem man mit der Messerspitze das Hüftgelenk durchtrennt.

Das Gelenk zwischen Ober- und Unterschenkel durchtrennen und die Stücke beiseitelegen. Mit dem zweiten Bein genauso verfahren.

Den Flügel von der Brust trennen, indem man durch das Brustfleisch schneidet.

Die Spitze des Flügels mit einem Schnitt durch das Gelenk abtrennen. Sie kann für die Zubereitung von Fond oder Hühnersuppe verwendet werden.

Frittierte panierte Hähnchenteile schmecken köstlich. Wenn Sie Hühnchenschenkel und -flügel richtig genießen möchten, ist es immer noch am besten, sie selbst zuzubereiten. Mit hochwertigen Zutaten erhalten Sie perfektes Fingerfood.

FÜR 4–6 PERSONEN

75 g Mehl
2 große Eier
50 g Semmelbrösel
4 TL Paprikapulver
1 TL Chilipulver
1 TL frisch gemahlener schwarzer Pfeffer
1 TL Selleriesalz
1 TL Oregano
1 TL frisch gehackter Salbei
1 Knoblauchzehe, sehr fein gehackt
4 Maiskolben

800 g Hähnchenteile – Keulen, Flügel und Schenkel
Pflanzenöl, zum Frittieren

BARBECUE-BOHNEN
100 ml Orangensaft
75 ml Sojasauce
2 EL Honig
1 Spritzer Worcestersauce
200 g Kidneybohnen aus der Dose, abgetropft

FRIED CHICKEN

Eine Arbeitsfläche mit dem Mehl bestäuben. Die Eier in eine Schüssel aufschlagen. Die Semmelbrösel zusammen mit Gewürzen, Kräutern und Knoblauch in eine separate Schüssel geben und beiseitestellen, bis die Hähnchenteile an die Reihe kommen.

Die Maiskolben in eine Grillpfanne mit Rillen geben und ohne Fett bei starker Hitze 10 Minuten rösten, dabei regelmäßig wenden.

In der Zwischenzeit die Barbecue-Bohnen zubereiten: Orangensaft, Sojasauce, Honig und Worcestersauce mit den Bohnen in eine Pfanne geben und 5 Minuten erhitzen und dabei die Maiskolben drehen. Bohnen und Maiskolben warm stellen.

Während die Maiskolben rösten, ausreichend Pflanzenöl in der Fritteuse oder einer großen, tiefen Pfanne auf 180 °C erhitzen. Jedes Hähnchenteil zuerst im Mehl wenden, überschüssiges Mehl abklopfen und dann in die Eiermasse tauchen. Anschließend schnell in den Semmelbröseln wenden, bis die Fleischstücke vollständig bedeckt sind. Die Hähnchenteile 5 Minuten (Schenkel etwas länger) im Öl frittieren, bis das Fleisch innen gar und die Panade außen goldbraun und knusprig ist. Nicht mehr als 2 oder 3 Hähnchenteile gleichzeitig frittieren, damit die Temperatur des Öls nicht absinkt. Auf Küchenpapier abtropfen lassen. Die Hähnchenteile mit Mais und Bohnen servieren.

Braten, schmoren oder als Confit zubereiten – diese Zubereitungsarten ergeben leckere Gerichte, aber sie erfordern meist viel Zeit. Dieses einfache Rezept hier geht schnell und liefert innerhalb von Minuten ein wunderbares Barbecue.

FÜR 2 PERSONEN

150 ml Mirin (süßer Reiswein) oder Sake und
1 TL Zucker
200 ml Sojasauce
25 ml Reisessig
60 g brauner Zucker
1 EL Sesamöl
4 Knoblauchzehen, fein gehackt
1 TL frisch geriebene Ingwerwurzel
1 Prise rote Chiliflocken oder schwarzer Pfeffer
4 ganze Entenschenkel
4 Entenunterschenkel

MANGOSALSA

1 Mango
1 EL fein gehackter frischer Koriander
½ frische rote Chili, fein gewürfelt
Saft von 1 Limette

ENTENSCHENKEL MIT MANGOSALSA

Den Mirin in eine Pfanne geben und erhitzen, anschließend die Hitze auf mittlere Stufe reduzieren und den Wein weitere 10 Minuten köcheln lassen. Sojasauce, Essig, Zucker, Sesamöl, Knoblauch, Ingwer und Chiliflocken zugeben und aufkochen, dann in eine große Schüssel gießen und abkühlen lassen.

Mindestens 20 Minuten vor dem Grillen alle Entenstücke in die Schüssel mit der Marinade legen und durchziehen lassen. Einen Grill oder eine Grillplatte heizen und die Entenstücke grillen, einmal wenden und nach Belieben mit der Marinade bestreichen.

In der Zwischenzeit die Salsa zubereiten: Die Mango schälen, entsteinen, in kleine Würfel schneiden und in eine Schüssel geben. Koriander, Chili und Limettensaft hinzufügen und alles gut durchmischen. Mit den gegrillten Entenschenkeln servieren.

← *Entenschenkel grillen und nach Belieben mit Marinade bestreichen*

Caesar Salad ist ein klassisches amerikanisches Gericht – wir haben das Rezept abgewandelt, denn dieser Salat bietet eine wunderbare neue Verwendungsmöglichkeit für unsere Hühnereier. Das Hühnerfleisch sollte nicht zu lange gegart werden. Hier wird es nur kurz angebraten, dabei bleibt es saftig und wird nicht trocken.

FÜR 4 PERSONEN

150 g Parmesan
3 Knoblauchzehen, gehackt
6 Sardellenfilets, gehackt
1 TL Worcestersauce
Saft und Zesten von 1 Zitrone
1 Ei
4 EL Olivenöl, plus etwas mehr zum Braten
2 dicke Scheiben Brot

2 TL frische Zitronenthymianblätter
Salz und frisch gemahlener schwarzer Pfeffer
450 g Hähnchenbrustfilet, in dicken Streifen
2 Scheiben geräucherter durchwachsener Speck, in kleinen Stücken
2–3 Romanasalatherzen

CAESAR SALAD MIT HÄHNCHENBRUST

Die Hälfte des Parmesans reiben und zusammen mit 1 Knoblauchzehe in einen Mixer füllen. Sardellen, Worcestersauce, Zitronensaft und Ei in den Mixer geben und alles zu einer glatten Masse verarbeiten. Nach und nach die Hälfte des Olivenöls zugießen und mixen, bis das Dressing eine Emulsion bildet. Beiseitestellen.

Für die Croûtons das Brot in 5 mm große Würfel schneiden und mit der Hälfte des Zitronenthymians in eine Schüssel geben. Die 2 übrigen Knoblauchzehen hacken (nach Belieben etwas davon für das Braten der Hähnchenbrust zurückbehalten) und ebenfalls in die Schüssel geben. Mit Salz und Pfeffer würzen. Das restliche Öl zugießen und alles gut durchmischen. Die Croûtons in einer heißen Pfanne goldbraun braten und auf Küchenpapier abtropfen lassen.

Die Hähnchenbruststreifen in eine Schüssel geben. Salz, Pfeffer, Zitronenzesten, Knoblauch und restlichen Zitronenthymian zugeben und vermischen. Etwas Öl in einer Pfanne erhitzen, Hähnchenmischung und Speck hineingeben und kurz braten, bis das Hähnchenfleisch gar ist. Den Speck herausnehmen, sobald er knusprig ist.

In der Zwischenzeit die Salatblätter waschen, trocken schleudern und auf eine Servierplatte geben. Darauf Croûtons, Hähnchenbruststreifen und Speck anrichten. Den restlichen Parmesan in dünne Scheiben schneiden und über den Salat streuen, zuletzt das Dressing darüberträufeln.

Die kräftige Hühnersuppe ist genau das Richtige, um sich an einem kalten Wintertag aufzuwärmen. Sie können die Zutaten nach Belieben verändern und die Suppe im Schnellkochtopf oder in einem konventionellen Kochtopf zubereiten. Wir machen keine großen Umstände und geben alle Zutaten in einen Topf.

FÜR 4 PERSONEN

8 Hähnchenoberschenkel
2 Zwiebeln, halbiert und in dünnen Scheiben
8 Knoblauchzehen, in Scheiben
3 frische Chilis, mit Kernen gehackt
75 g frische Ingwerwurzel, geschält und in sehr dünnen Steifen
4 EL getrocknete Goji- oder Preiselbeeren
1 l Hühnerfond
Salz und frisch gemahlener schwarzer Pfeffer

KRÄFTIGE HÜHNERSUPPE

Die Hähnchenoberschenkel von sichtbarem Fett befreien und dann zusammen mit den restlichen Zutaten in einen großen Topf oder einen Schnellkochtopf geben. Zum Kochen bringen und allen Schaum abschöpfen, der an die Oberfläche steigt.

Die Suppe im konventionellen Topf wenigstens 2 Stunden köcheln lassen oder den Deckel auf den Schnellkochtopf setzen und 30 Minuten kochen.

Die Hühnersuppe abkühlen lassen, dann die Schenkel herausnehmen und nach Belieben Haut und Knochen entfernen. Das Hähnchenfleisch wieder zurück in den Topf geben, die Suppe mit Salz und Pfeffer abschmecken, kurz erhitzen und servieren.

METHODE 29
ENTENCONFIT

Dies ist eine beliebte Niedriggarmethode, um Fleisch haltbar zu machen. Die Ente wird zunächst gepökelt und dann langsam in Schmalz gegart, bis das dunkle Fleisch so zart ist, dass Sie es mit einem Löffel essen können. Wir verwenden hier Schweineschmalz, damit das Confit fester wird und sich besser lagern lässt. Entenconfit hält sich 3–5 Monate in einem Glas im Kühlschrank, solange es vollständig mit Schmalz bedeckt ist. Vor dem Servieren auf Zimmertemperatur bringen. Sie können die Garmethode auch auf Gänse und Truthühner anwenden. Am besten reichen Sie zum Confit etwas Scharfes, da es sehr fett ist.

ENTENSCHENKEL CONFIEREN

1

Zuerst die Schenkel bereiten: Knoblauch, Pfefferkörner, Lorbeerblätter, frischen Thymian und Salz in einer Schüssel vermengen. Die Entenschenkel damit einreiben und in einem Behälter über Nacht in den Kühlschrank stellen.

2

Den Backofen auf 120 °C vorheizen. Das Schweineschmalz langsam in einem Topf zerlassen. Die Entenschenkel waschen und trocknen, in eine Auflaufform legen, mit dem Schmalz übergießen und 3 Stunden im Ofen garen. Herausnehmen, abkühlen lassen, in ein Glas abfüllen und im Kühlschrank aufbewahren.

ENTENCONFIT MIT ORANGE UND FELDSALAT

Für 2 Personen

CONFIT
2 Knoblauchzehen, gehackt

10 Pfefferkörner

2 Lorbeerblätter

frische Thymianzweige • 5 EL Salz

2 Entenschenkel (300 g)

500 g Schweineschmalz

KAROTTENPÜREE
2 Karotten, gehackt

SALAT
50 g Butter • ½ TL Zucker

2 Orangen, in Scheiben (mit Schale)

2 Fenchelknollen, in Scheiben

Das Confit aus den genannten Zutaten nach Anleitung auf Seite 148 zubereiten.

Die Karotten weich kochen, abtropfen lassen und in einer Küchenmaschine fein pürieren.

Für den Salat Butter und Zucker in einer Pfanne erhitzen, die Orangenscheiben zugeben und zuerst die eine, dann die andere Seite karamellisieren. Herausnehmen und abkühlen lassen, den Saft aus der Pfanne auffangen. In der Zwischenzeit den Fenchel grillen.

Fenchel- und Orangenscheiben um einen Löffel Karottenpüree anrichten, die Entenschenkel auf das Püree legen und mit dem aufgefangenen Saft beträufeln.

VORSCHLAG: GÄNSECONFIT

Die Vorgehensweise, wie ein Confit zubereitet wird, ist für alle Geflügelarten gleich. Sie können jedoch Kräuter und Gewürze ganz nach Ihrem Geschmack variieren.

Für ein Gänseconfit empfehlen wir Sternanis, frischen Ingwer und Knoblauch. Oder Sie probieren eine Mischung aus Salbei, Lorbeer und Pfefferkörnern. Bei einer großen Gans müssen Sie eventuell die Garzeit etwas verlängern.

VORSCHLAG: TRUTHAHNCONFIT

Ein Truthahnoberschenkel ergibt ein großartiges Confit, allerdings müssen vor dem Kochen die Sehnen entfernt werden. Truthahnconfit schmeckt hervorragend mit einer Kombination aus Zimt, Kardamom, Koriandersamen und Kreuzkümmel.

METHODE 30
GEFLÜGEL ENTBEINEN

Es braucht einige Übung, um einen Vogel zu entbeinen, aber die Mühe lohnt sich. Nach dem Entbeinen haben Sie eine Karkasse vor sich sowie das Fleisch samt Haut, das sie füllen und braten können. Der Vogel wird dann in saubere Scheiben geschnitten. Am besten lernen Sie das Entbeinen an einem Huhn, wie hier gezeigt. Anschließend können Sie anderes Wild- und Zuchtgeflügel auf die gleiche Weise bearbeiten.

EIN HUHN ENTBEINEN

1 Zuerst die Flügelspitzen abtrennen, dazu die Spitze eines Ausbeinmessers auf das Gelenk setzen und kräftig nach unten drücken. Die Flügelspitzen zusammen mit den anderen Knochen in eine Schale legen und für Geflügelfond verwenden.

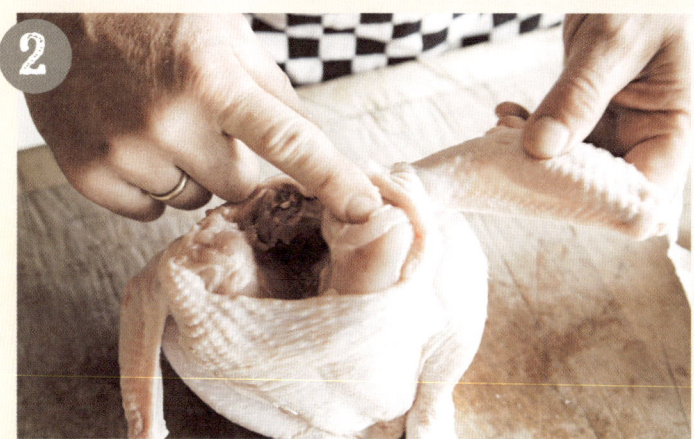

2 Die Finger unter die Haut am Halsansatz stecken und diese zurückziehen, bis eines der Schultergelenke freiliegt. Mit der Messerspitze das Gelenk durchtrennen, um die Flügelknochen vom Körper zu lösen. Das Ganze mit dem anderen Flügel wiederholen.

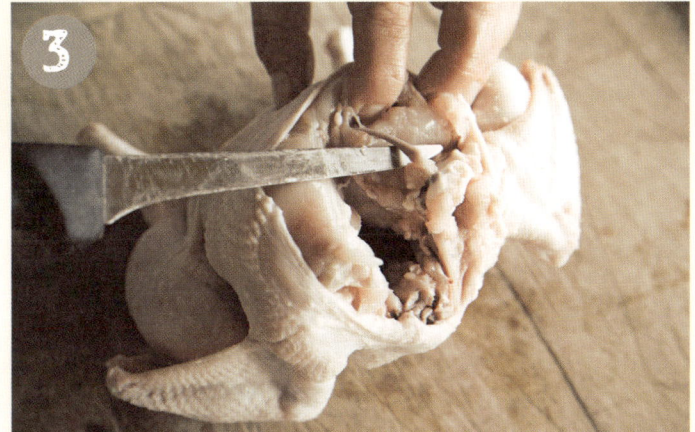

Die Haut etwas weiter über die Brust zurückziehen, um das Gabelbein freizulegen.

Mit der Messerspitze das Fleisch um das Gabelbein herum wegkratzen und das Gabelbein entfernen.

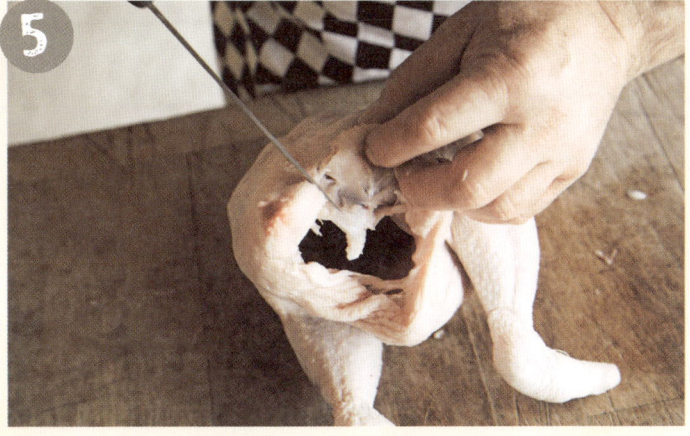

Den Vogel mit der Brust nach unten legen und den Schwanzansatz herausschneiden. Dann die Haut um die ausgeschnittene Stelle herum an einem Bein bis hoch zum Hüftgelenk einschneiden.

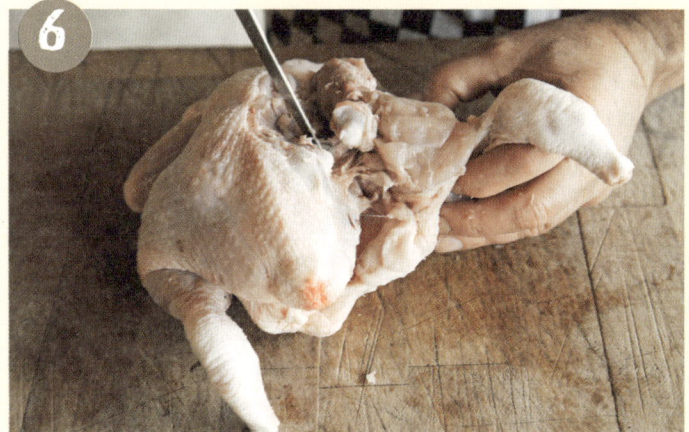

Mit der Messerspitze das Hüftgelenk von der Karkasse abheben, dabei die Knochen an Ort und Stelle belassen.

Jetzt das Fleisch von der Karkasse abschneiden, und zwar entlang der Wirbelsäule in langen, behutsamen Schnitten. Die Brustseite des Vogels zeigt dabei nach unten.

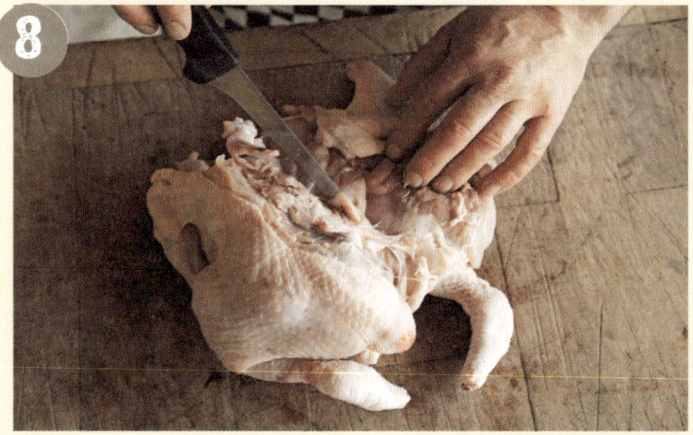

Die Klinge nahe an den Rippen führen und das Fleisch beim Schneiden zurückziehen, so als ob die Innenseite des Huhns nach außen umgestülpt würde.

Vorsichtig an der Karkasse entlangschneiden, damit das Messer nicht stumpf wird. Seien Sie besonders aufmerksam, wenn die Spitze des Brustbeins erreicht ist, damit Sie nicht aus Versehen die Haut durchstechen.

Wenn die Brust auf einer Seite der Karkasse vollständig freiliegt, den Vogel herumdrehen und die Schritte 6–9 auf der anderen Seite wiederholen.

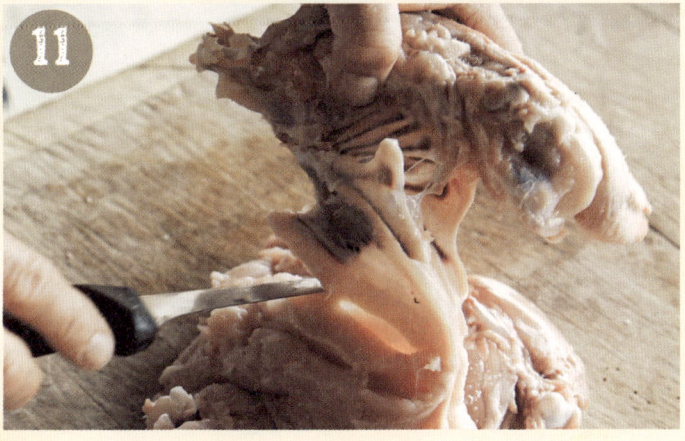

Dann die Karkasse so in die Höhe halten, dass das Fleisch herabhängt. Horizontal schneiden und das Fleisch von der Karkasse trennen – dabei nicht die Haut anritzen.

Jetzt kommen die Beine an die Reihe. Den Oberschenkelknochen am Hüftende festhalten und das Fleisch vom Knochen abziehen.

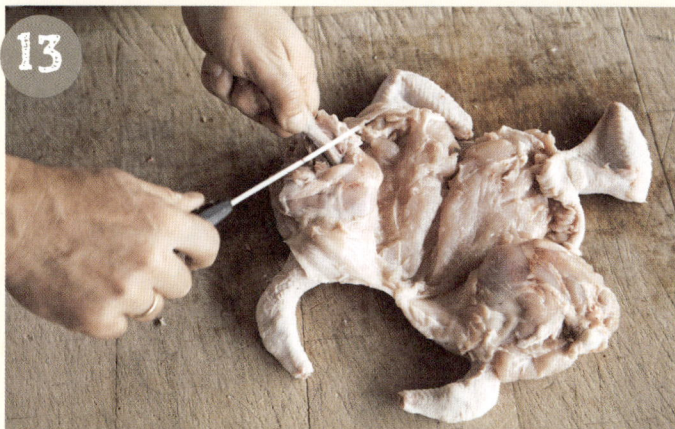

Mit einem Messer das Fleisch vom Oberschenkelknochen kratzen.

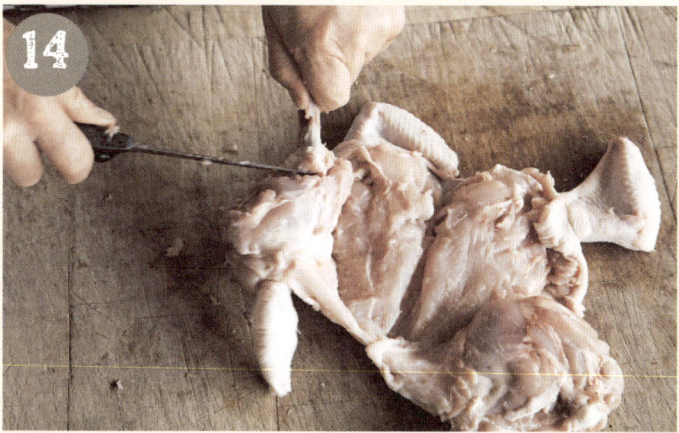

Nun den Oberschenkelknochen herausschneiden und den Unterschenkel an Ort und Stelle lassen oder das Fleisch weiter zurückziehen und auch diese Knochen herausnehmen.

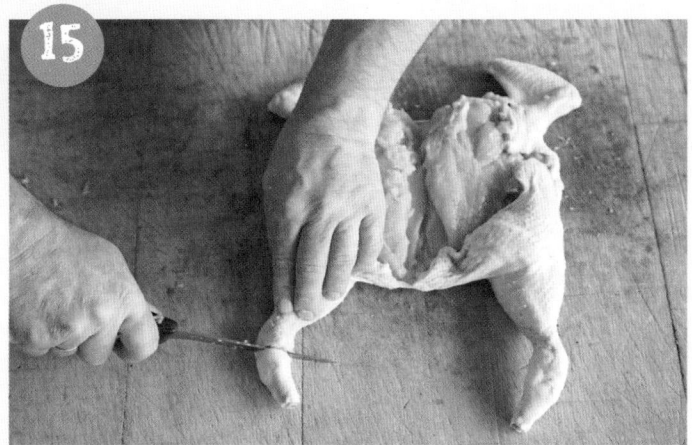

15 Zuletzt das Beinende abschneiden. Das herausgelöste Fleisch samt Haut wieder in die Form des Vogels bringen. Es kann jetzt gefüllt werden.

EINEN ENTBEINTEN VOGEL FÜLLEN

Um einen entbeinten Vogel zu füllen, legen Sie ihn mit der Brustseite nach unten, geben die Füllung auf das Brustfleisch und drücken sie durch die Öffnung zwischen den Schenkeln. Dann stecken Sie einen Spieß durch die Haut, um die Ränder zusammenzuhalten, oder Sie vernähen die Ränder. Wenn Sie die Knochen in Flügeln und Unterschenkeln belassen, sieht das fertige Gericht beim Servieren wie ein ganz normales Brathuhn aus.

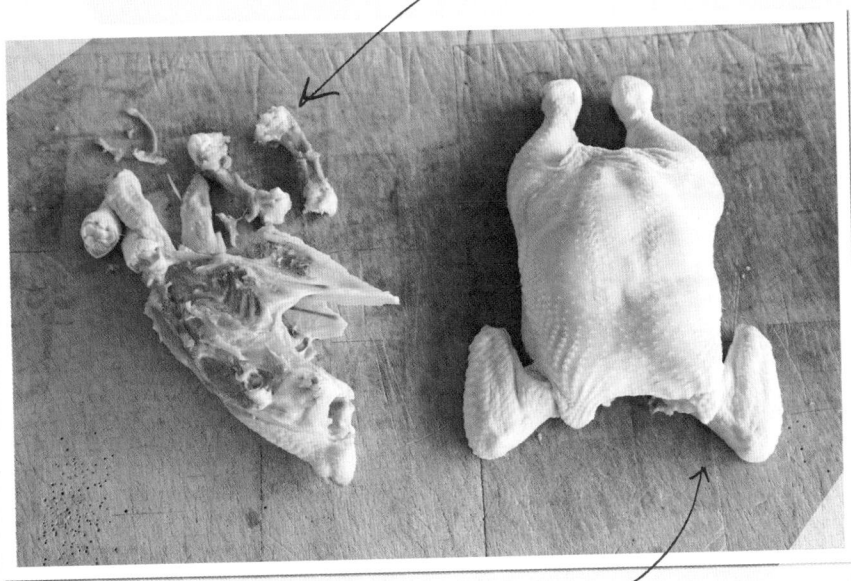

Knochen für den Geflügelfond

Huhn mit Füllung

REZEPTE : 155

Zu dem knusprigen panierten Hähnchenfleisch passt Krautsalat sehr gut. Sie können außerdem die Zutaten für die Panade ändern und damit verschiedene Geschmacksrichtungen erzielen – probieren Sie doch einmal Zitronenzesten und groben schwarzen Pfeffer, verschiedene Kräuter oder eine Mischung aus Kreuzkümmel, Koriander, Chilis und Kurkuma.

FÜR 4 PERSONEN

4 Hähnchenbrustfilets
2 EL Mehl
1 Ei, verquirlt
200 g Semmelbrösel (am besten einen Tag alt)
Salz und frisch gemahlener schwarzer Pfeffer
abgeriebene Schale von ½ Zitrone
etwas geräuchertes Paprikapulver
1 Prise Cayennepfeffer
Pflanzenöl, zum Braten

KRAUTSALAT
2 Äpfel
1 EL Zitronensaft
¼ Weißkohl, in dünnen Streifen
4 Karotten, geraspelt
1 EL Mayonnaise

HÄHNCHENSCHNITZEL MIT KRAUT

Für den Krautsalat die Äpfel schälen und in eine Schüssel reiben. Den Zitronensaft einrühren und mit Salz und Pfeffer abschmecken. Kohlstreifen, Karotten und Mayonnaise zugeben und gut durchmischen. Abdecken und bis zum Servieren in den Kühlschrank stellen.

Die Hähnchenbrustfilets waagerecht aufschneiden und aufklappen (siehe Seite 164), in Frischhaltefolie wickeln und flach klopfen, bis sie etwa 5 mm dick sind. Zum Panieren jeweils eine Schüssel mit Mehl, Eimasse und Semmelbröseln bereitstellen. Die Semmelbrösel mit Salz (großzügig) und Pfeffer, Zitronenschale, Paprika und Cayennepfeffer würzen. Jedes Hähnchenbrustfilet zuerst im Mehl wenden, dann in die Eimasse tauchen, zuletzt mit den Semmelbröseln überziehen und diese gleichmäßig andrücken.

Etwas Pflanzenöl in einer Pfanne erhitzen, aber nicht zu heiß werden lassen – schließlich soll das Fleisch durchgebraten, aber außen nicht verbrannt sein. Die Hähnchenbrustfilets 3–4 Minuten auf jeder Seite braten, bis sie goldbraun sind. Einige Minuten stehen lassen, dann mit dem Krautsalat servieren.

Gegrilltes Huhn gibt es in unterschiedlichen Formen und Geschmacksrichtungen. Unser Rezept bringt eine asiatische Note in die traditionellen Hähnchenspieße – der Geschmack nach Holzkohle harmoniert wunderbar mit der Erdnusssauce.

FÜR 4 PERSONEN

450 g Hähnchenbrustfilet

SATAY-SAUCE
2 EL Erdnussöl
½ weiße Zwiebel, gehackt
1 frische rote Chili, entkernt und fein gehackt
1 Knoblauchzehe, fein gehackt
100 g weiche Erdnussbutter
Saft von 2 Limetten
2 EL Sojasauce
2 TL Zucker

MARINADE
1 EL Sojasauce
1 TL frisch gemahlener schwarzer Pfeffer
1 TL Limettenzesten
1 EL gehackte Erdnüsse
1 EL Sesamöl

ZUM SERVIEREN
dünne Streifen Frühlingszwiebel und Gurke
Limettenspalten

HÄHNCHENSPIESSE SATAY

Für die Satay-Sauce das Erdnussöl in einem Wok oder einer Pfanne erhitzen, die Zwiebel darin goldgelb dünsten. Chili, Knoblauch und Erdnussbutter zufügen, die Hitze reduzieren und Limettensaft, Sojasauce und Zucker einrühren. Beiseitestellen.

8–12 Bambusspieße mindestens 30 Minuten in Wasser einweichen. Die Hähnchenbrust gegen die Fasern in dünne Streifen schneiden. Die Zutaten für die Marinade in einer flachen Schüssel gut vermischen, Hähnchenstreifen dazugeben und 1–2 Stunden im Kühlschrank marinieren. In der Zwischenzeit einen Holzkohlegrill anzünden. Die Hähnchenstreifen aus der Marinade heben und in s-Formen auf die Bambusspieße stecken.

Die Hähnchenspieße auf dem gut vorgeheizten Rost 5 Minuten grillen, bis sie gar sind. Oder die Spieße in der Pfanne bzw. im vorgeheizten Backofen bei 180 °C braten. Kurz vor dem Servieren die Sauce bei schwacher Hitze aufwärmen.

Die Spieße mit Frühlingszwiebel- und Gurkenstreifen sowie Limettenspalten und selbst gemachter Satay-Sauce servieren.

Unsere Outdoor-Küche

Der in diesem Rezept verwendete Zitronenpfeffer verleiht auch anderen Geflügelgerichten ein fantastisches Aroma. Die Gewürzmischung lässt sich schnell herstellen, und Sie vermeiden damit alle Chemikalien und Konservierungsmittel, die eventuell in Fertigmischungen aus dem Laden enthalten sind.

FÜR 4 PERSONEN

450 g Hähnchenbrust
2 EL Mehl
1 Ei
50 g Semmelbrösel
Pflanzenöl, zum Frittieren
Zitronenspalten, zum Servieren
Mayonnaise (nach Belieben)

ZITRONENPFEFFER
abgeriebene Schale von 4 Zitronen
1 TL frische Zitronenthymianblätter, fein geschnitten
1 TL Salz
1 TL frisch gemahlener schwarzer Pfeffer

HÄHNCHENNUGGETS MIT PFEFFER

Für den Zitronenpfeffer die Zitronenschalen dünn und gleichmäßig auf einen Teller streuen und auf mittlerer Stufe 6–8 Minuten in der Mikrowelle erhitzen. Sie sollen trocken und knusprig sein, zu bräunen beginnen, aber nicht verbrannt aussehen. (Falls Sie keine Mikrowelle haben, die Schalen auf einem Backblech verteilen und im Backofen bei 50 °C 4–5 Stunden trocknen.) Abkühlen lassen und in einer Kaffeemühle zu einem feinen Pulver mahlen. Mit den Zitronenthymianblättern, Salz und Pfeffer vermischen und in einem gut verschlossenen Glas an einem kühlen, trockenen, dunklen Platz lagern. Der Zitronenpfeffer hält sich 3–4 Wochen.

Die Hähnchenbrust in mundgerechte Stücke schneiden. Das Mehl auf einen Teller streuen und das Ei in einer Schüssel verquirlen. Die Semmelbrösel mit 2 Esslöffeln Zitronenpfeffer in einer flachen Schale mischen. Die Hähnchenteile zuerst im Mehl, dann in der Eimasse und zuletzt in den Semmelbröseln wälzen.

In einer Fritteuse oder einer großen Pfanne ausreichend Pflanzenöl auf 180 °C erhitzen und die Hähnchennuggets portionsweise 4–5 Minuten frittieren, bis sie innen gar und außen goldbraun sind. Alternativ können die Hähnchennuggets auch 5–10 Minuten in einigen Esslöffeln Öl niedriggegart werden. Auf Küchenpapier abtropfen lassen und mit Zitronenspalten servieren. Dazu nach Belieben Mayonnaise reichen.

Ein schneller und einfacher Dip, der ausgezeichnet zu den Hähnchennuggets passt: 1 Teelöffel Zitronenpfeffer vermischt mit 2 Esslöffeln Mayonnaise.

Hier nutzen wir beliebte Beilagen zum Truthahnbraten wie Maronen und Äpfel – und die selbst gemachte Cranberrysauce verleiht dem Burger noch den letzten Pfiff. Dieses Rezept eignet sich hervorragend, um die Truthahnreste zu verwerten.

FÜR 4 PERSONEN

CRANBERRYSAUCE
250 g Feinstzucker
100 ml Wasser • 250 g Cranberrys
abgeriebene Schale und Saft von 1 großen Orange
1 Zimtstange • 1 Gewürznelke

BURGER
650 g Putenfleisch
1 große Zwiebel, fein gehackt
1 EL frisch gehackte Petersilie
100 g gegarte Maronen, geschält und in kleinen Stücken
1 Apfel, in kleinen Würfeln
1 Ei, verquirlt
20 g frische Semmelbrösel
abgeriebene Schale von 1 Zitrone
Salz und frisch gemahlener schwarzer Pfeffer
Pflanzenöl, zum Braten

ZUM SERVIEREN
Körnerbrötchen, halbiert
einige Scheiben gegrillter Speck
einige Salatblätter

DER ULTIMATIVE PUTENBURGER

Für die Sauce Zucker und Wasser in einen schweren Topf geben und unter Rühren erhitzen, bis sich der Zucker aufgelöst hat. Cranberrys, Orangenschale und -saft zugeben und aufkochen, dann bei mittlerer Hitze 5 Minuten köcheln lassen. Zimt und Gewürznelke hinzufügen, die Hitze erhöhen und weitere 10 Minuten köcheln. Den Herd ausschalten und die Sauce abkühlen lassen. Dann in der Küchenmaschine pürieren und beiseitestellen. Sobald die Sauce kalt ist, in eine Schüssel geben und kalt stellen.

Das Putenfleisch im Mixer oder in der Küchenmaschine zerkleinern. In eine Rührschüssel geben und alle anderen Zutaten außer dem Öl zufügen. Gut vermischen, dann zu Kugeln formen und flach drücken. Einige Esslöffel Pflanzenöl in einer Pfanne erhitzen und die Burger auf jeder Seite 5 Minuten braten, bis sie gar sind.

Die Putenburger auf die Brötchenunterhälften legen, mit 1–2 Scheiben Speck, einigen Salatblättern belegen, mit einem großzügigen Löffel Cranberrysauce bedecken, die oberen Brötchenhälften aufsetzen und servieren.

← Etwas andere Burger

METHODE 31
ROULADEN

Hähnchenrouladen sind überraschend einfach zuzubereiten. Sie brauchen lediglich Hähnchenbrustfilet und eine Füllung Ihrer Wahl. Das Fleisch bekommt durch das Pochieren seine Würze und bleibt saftig. Als Füllung können Sie Knoblauch und Zitronen, Pesto, Spinat und Ricotta oder Walnuss und Salbei probieren.

FÜLLUNG FÜR HÄHNCHENROULADEN

Für 450 g Hähnchenbrustfilet

150 g getrocknete Tomaten, gehackt
Saft von 2 Zitronen
Olivenöl
2 TL Paprikapulver
2 TL frische Estragonblätter

Alle Zutaten bis auf den Estragon in einen Mörser geben und zerstoßen.

EINE ROULADE VORBEREITEN

Mit einem Filetiermesser die Hähnchenbrust waagerecht von einer Seite her aufschneiden. Kurz bevor die andere Seite erreicht ist, absetzen und das Fleisch auseinanderfalten.

Das Fleisch mithilfe der Frischhaltefolie zu einem Zylinder zusammenrollen, dabei die Folie um die Roulade wickeln.

Das Fleisch zwischen 2 Stücke feste Frischhaltefolie legen und vorsichtig mit einem Nudelholz flach klopfen, bis es überall eine Dicke von 5 mm hat.

Die obere Lage Frischhaltefolie abziehen, dann die Füllung gleichmäßig auf dem Fleisch verteilen. Zuletzt die Estragonblätter darüberstreuen.

Wenn Sie mit Ihrer Roulade zufrieden sind – sie sollte fest und zylindrisch sein –, die Enden mit einem einfachen Knoten zubinden.

Wasser in einem Topf zum Kochen bringen. Die Hitze reduzieren, die Roulade hineingeben und 15–20 Minuten pochieren. Wenn sie fertig ist, die Frischhaltefolie entfernen.

Hühnchenleber ist sehr gehaltvoll und schmeckt ausgezeichnet. Diese einfache Pâté passt sehr gut zu frischem Toast. Sie können das Aroma verändern, indem Sie Zitronenthymian hinzufügen oder den Weinbrand durch Portwein ersetzen.

FÜR 6 PERSONEN

200 g Hühnchenleber
150 g magerer Schinkenspeck ohne Schwarte
100 g weiche Butter
3 Eiweiß
2 EL Weinbrand
Salz und weißer Pfeffer

HÜHNCHENLEBERPÂTÉ

Den Backofen auf 160 °C vorheizen.

Bindegewebe und verfärbte Stellen von der Hühnchenleber entfernen und den Schinkenspeck in kleine Stücke schneiden. Alle Zutaten in einen Mixer oder eine Küchenmaschine geben und zu einer glatten Masse pürieren.

Die Mischung in eine Terrine oder eine ofenfeste Schale füllen, diese in eine Auflaufform stellen und Wasser bis auf halbe Höhe der Form einfüllen. In den Ofen stellen und 45 Minuten garen. Dann herausnehmen und abkühlen lassen. Vor dem Servieren ausreichend kühlen.

Alles im Mixer zerkleinern

Wenn Sie noch nie in Ihrem Leben Gänseleber probiert haben, bietet sich hier die Chance! Um das besondere Aroma zur Geltung zu bringen, kombinieren wir die Gänseleber mit einem herben Cidre und einer süßen Apfelsauce.

FÜR 2–4 PERSONEN

300 g Gänseleber
50 g Mehl
Salz und frisch gemahlener schwarzer Pfeffer
2 EL Pflanzenöl
2 TL frisch gehackte Petersilie
frische Schnittlauchblüten (nach Belieben)

APFELSAUCE

2 große süße Äpfel
20 g Butter
2 EL Zucker
1 Flasche Cidre
1 EL grobkörniger Senf

GÄNSELEBER MIT CIDRE

Für die Apfelsauce die Äpfel schälen und in kleine Würfel schneiden. Mit Butter und Zucker in einen Topf geben und bei mittlerer Hitze dünsten, bis sie weich werden und ihren Saft abgeben. 300 ml Cidre zugießen und weitergaren, bis alles auf die Hälfte reduziert ist. Den Senf einrühren. Die Sauce beiseitestellen und warm halten (den restlichen Cidre zum Servieren der Gänseleber verwenden).

Die Gänseleber in dünne Scheiben schneiden. Das Mehl mit Salz und Pfeffer würzen. Die Leberscheiben im gewürzten Mehl wenden, bis sie mit einer dünnen Schicht überzogen sind. Pflanzenöl in einer Pfanne erhitzen und die Gänseleber auf jeder Seite 1–2 Minuten braten, bis die Ränder goldbraun werden.

Die warme Gänseleber auf Teller geben und mit der Apfelsauce anrichten. Mit Petersilie und, falls verwendet, Schnittlauchblüten garnieren und servieren. Den restlichen Cidre dazu genießen.

Die Lebern nicht übergaren

REGISTER

Apfel
    Der ultimative Putenburger 162
    Gänseleber mit Cidre 168
    Hähnchenschnitzel mit Kraut 156
Aspergillose 69
Aufzucht
    Enten 50
    Gänse 70
    Hühner 28, 29
    Truthühner 84
Aufzuchtkasten
    Enten 53
    Gänse 73
    Hühner 30, 31
    Truthühner 87
Auslauf 12
Ausnehmen
    Enten 57
    Gänse 63
    Hühner 36–37
    Truthühner 89
Austernschalen 20, 27

Balzzeit 40
Basilikum
    Pizza mit Entenei 104
befruchtete Eier
    Enten 52
    Gänse 72
    Hühner 30
    Truthühner 86
Biskuitkuchen aus Enteneiern 112

Blätterteig
    Truthahnpastetchen 124
Blumenkohl
    Gemüsebratlinge mit Truthahn 122
Bohnen
    Fried Chicken 140
    Salade niçoise 98
Botulismus 48
Bouquet garni
    Geschmorte Ente mit Erbsen 132
Brokkoli
    Gemüsebratlinge mit Truthahn 122
    Truthahnpastetchen 124
Brot
    Caesar Salad mit Hähnchenbrust 144
    Der ultimative Putenburger 162
    Geräucherte Eier mit Halloumi 106
    Putentöpfchen 128
    Quiche mit Ziegenkäse & karamellisierten Zwiebeln 108
Brötchen 162
Brühe
    Geschmorte Ente mit Erbsen 132
Brutapparat 15
    Enten 52
    Gänse 72
    Hühner 30

    Truthühner 86
Brutenten 50
Brüten
    Enten 52
    Hühner 21, 28–31
    Gänse 72
    Truthühner 85, 86
Brutgänse 71
Bruthennen 18, 29
Brutkasten 15

Caesar Salad mit Hähnchenbrust 144
Chicorée
    Salat mit Gans & Stachelbeeren 130
Chili
    Entenschenkel mit Mangosalsa 142
    Hähnchenspieße Satay 158
    Kräftige Hühnersuppe 146
Chutney
    Gemüsebratlinge mit Truthahn 122
Cidre
    Gänseleber mit Cidre 168
Confit
    Ente 149
    Gans 149
    Pute 149
Cranberry
    Der ultimative Putenburger 162

Croûtons
  Caesar Salad mit Hähnchenbrust 144
Curry
  Puten-Curry 126

Durchleuchten
  Entenei 53
  Gänseei 73
  Hühnerei 30, 31
  Truthuhnei 86
Durchlüftung im Stall 45

Eier 15
  ausbrüten 15
  fressen 27
  legen
    Enten 50
    Gänse 70
    Hühner 28
    Truthühner 84
  wenden 15
Eier, geräucherte, mit Halloumi 106
Eirezepte
  Biskuitkuchen aus Enteneiern 112
  Caesar Salad mit Hähnchenbrust 144
  Eier Benedict 102
  Fried Chicken 140
  Frittata 110
  Geräucherte Eier mit Halloumi 106
  Hühnchenleberpâté 166
  Pizza mit Entenei 104
  Salat Niçoise 98
  Truthahnpastetchen 124
Einstieg in Haus/Stall
  Gänse 64
  Enten 44
Elektrozaun 25, 81
Ente knusprig braten 134
Enten 40–57
Enteneier, schottische 100

Entenhaus 44
Entenkot 43, 47
Entenrassen
  Aylesbury 43
  Indian Runner 43
  Khaki Campbells 43
  Mallard 43
  Moschusente 43
  Muscovy 43
  Welsh Harlequins 43
Entenrezepte
  Biskuitkuchen aus Enteneiern 112
  Entenbraten 119, 120
  Entenconfit 148
  Entenschenkel mit Mangosalsa 142
  Geschmorte Ente mit Erbsen 132
  Knusprige Ente 134
  Pizza mit Entenei 104
  Schottische Enteneier 100
Erbsen
  Gemüsebratlinge mit Truthahn 122
  Geschmorte Ente mit Erbsen 132
Erbsenkeimlinge
  Salat mit Gans & Stachelbeeren 130
Erdnussbutter
  Hähnchenspieße Satay 158
Estragon
  Rouladen 164
  Truthahnpastetchen 124

Fenchel
  Entenconfit 148
Fische 47
Fischsauce
  Puten-Curry 126
Flügel stutzen
  Enten 43, 49

Gänse 60, 63, 69
Hühner 27
Truthühner 79
Fried Chicken 140
Frischwasser 14
Frittata 110
Frühlingszwiebeln
  Hähnchenspieße Satay 158
  Knusprige Ente 134
  Puten-Curry 126
  Salat mit Gans & Stachelbeeren 130
  Schottische Enteneier 100
Futter 18
  Enten 43
  Hühner 28–31
  Gänse 63
  Truthühner 76, 79, 80

Gänse 58–73
Gänsehaus 64
Gänsekot 60, 64, 65
Gänserassen 63
  Brecon Buff 63
  Diepholzer Gans 63
  Emder Gans 63
  englische Hausgans 63
  Höckergänse 63
  Pilgrimgans 63
Gänserezepte
  Gänsebraten 120, 121
  Gänseconfit 148
  Gänseleber mit Cidre 168
  Salat mit Gans & Stachelbeeren 130
Geflügel braten 114
Geflügelauktion 13
Geflügelfond 137
Geflügelhaltung 12–15
Geflügelteile 136
Gelee
  Putentöpfchen 128

Gemüsebratlinge mit Truthahn 122
getrocknete Tomaten
   Rouladen 164
Gewürznelken
   Der ultimative Putenburger 162
   Putentöpfchen 128
Gojibeeren
   Kräftige Hühnersuppe 146
Gorgonzola
   Pizza mit Entenei 104
Gurke
   Hähnchenspieße Satay 158
   Knusprige Ente 134

Hahn halten 21
Hähnchennuggets mit Pfeffer 160
Hähnchenschnitzel mit Kraut 156
Hähnchenspieße Satay 158
Halloumi
   Geräucherte Eier mit Halloumi 106
Honig
   Fried Chicken 140
   Knusprige Ente 134
Huhn 116
   braten 117
   Bratensauce 117
   entbeinen 150, 150–154
   füllen 115, 116
   Garprobe 117
   servieren 119
   tranchieren 118
   zerteilen 138
Hühnchenleber 115
   Füllung 115
   Hühnchenleberpâté 166
Hühner 16–37
Hühnerfond 139

Kräftige Hühnersuppe 146
Hühnerkot 18, 22
Hühnerrassen
   Bantam-Zwerghühner 14, 18
   Black Rocks 20
   Buff Orpingtons 20
   Cuckoo Marans 20
   Light Sussex 18, 20
   Mischrassen 14
   Rhode Island Reds 20
   Warren-Hühner 20
   Zwerghuhn 13
Hühnerstall 23–26
Hühnersuppe 137, 139
   Kräftige Hühnersuppe 146
Huhn füllen 116, 117
Huhnrezepte
   Caesar Salad mit Hähnchenbrust 144
   Fried Chicken 140
   Hähnchennuggets mit Pfeffer 160
   Hähnchenschnitzel mit Kraut 156
   Hähnchenspieße Satay 158
   Hühnchenleberpâté 166
   Kräftige Hühnersuppe 146
   Rouladen 164

Ingwer
   Entenschenkel mit Mangosalsa 142
   Kräftige Hühnersuppe 146

Jodlösung 85
Junghühner 20
Jungpflanzen schützen 67

Kalkbeine 26
Kalziummangel 27
Karotten
   Entenconfit 148
   Geschmorte Ente mit Erbsen 132
   Gemüsebratlinge mit Truthahn 122
   Hähnchenschnitzel mit Kraut 156
Kartoffeln
   Frittata 110
   Gemüsebratlinge mit Truthahn 122
   Salade niçoise 98
   Truthahnpastetchen 124
Käse
   Frittata 110
Kippflügel 49
Knoblauch
   Caesar Salad mit Hähnchenbrust 144
   Entenconfit 148
   Entenschenkel mit Mangosalsa 142
   Frittata 110
   Hähnchenspieße Satay 158
   Kräftige Hühnersuppe 146
   Truthahnpastetchen 124
Kohl
   Gemüsebratlinge mit Truthahn 122
   Hähnchenschnitzel mit Kraut 156
Kokos
   Puten-Curry 126
Konfitüre
   Biskuitkuchen aus Enteneiern 112
Koriander
   Entenschenkel mit Mangosalsa 142
   Puten-Curry 126

Kot
    Enten 43, 47
    Gänse 60, 64, 65
    Hühner 18, 22
    Truthühner 79, 81, 82
Krautsalat 156
Krankheiten
    Enten 48
    Gänse 68
    Hühner 26
    Truthühner 82
Kuchen
    Biskuitkuchen aus Enteneiern 112
Küchenabfälle 18
Küken 15
    Enten 40, 52, 53
    Gänse 60, 63, 70, 71, 72, 73
    Hühner 20, 28, 29, 30, 31
    Truthahn 86, 87
Kürbis
    Puten-Curry 126

Lahmheit 49, 68
Limette
    Entenschenkel mit Mangosalsa 142
    Hähnchenspieße Satay 158
    Puten-Curry 126
Lorbeer
    Entenconfit 148
    Geschmorte Ente mit Erbsen 132
Luftfeuchtigkeit 15

Mais
    Fried Chicken 140
Mango
    Entenschenkel mit Mangosalsa 142

Maronen
    Der ultimative Putenburger 162
    Geschmorte Ente mit Erbsen 132
Messer 15
Milben 48
Mozzarella
    Pizza mit Entenei 104
Muschelgrit 20, 21, 27, 28, 76

Nestboxen
    Enten 50
    Gänse 30
    Hühner 22–24 27–29
    Truthühner 84
Nüsse
    Hähnchenspieße Satay 158
    Salat mit Gans & Stachelbeeren 130

Obstgarten 66
Oliven
    Pizza mit Entenei 104
    Salde niçoise 98
Orange
    Der ultimative Putenburger 162
    Entenconfit 148
    Geräucherte Eier mit Halloumi 106
    Putentöpfchen 128
    Salat mit Gans & Stachelbeeren 130
    Schottische Enteneier 100
Oregano
    Fried Chicken 140

Parmesan
    Caesar Salad mit Hähnchenbrust 144

Pastinaken
    Gemüsebratlinge mit Truthahn 122
Pâté
    Hühnchenleberpâté 166
Petersilie
    Der ultimative Putenburger 162
    Füllung 115
    Gänseleber mit Cidre 168
    Hühnchenleber 115
Pfannkuchen
    Knusprige Ente mit 134
Pflaumensauce
    Knusprige Ente 134
Pilze
    Truthahnpastetchen 124
Pizza mit Entenei 104
Porree
    Gemüsebratlinge mit Truthahn 122
Prägen 73
Preiselbeeren
    Kräftige Hühnersuppe 146
Prinzessbohnen
    Salade niçoise 98
Pute *siehe* Truthühner, Truthuhn
Putenrezepte *siehe* Truthahnrezepte
Putenburger, der ulitmative 162
Puten-Curry 126
Putentöpfchen 128

Quiche mit Ziegenkäse & karamellisierten Zwiebeln 108

Ratten 48
Raubtiere
    Enten 45, 48
    Gänse 60

Hühner 26
Truthühner 82
Reis
   Geräucherte Eier mit Halloumi 106
Reiswein
   Entenschenkel mit Mangosalsa 142
Rosenkohl
   Gemüsebratlinge mit Truthahn 122
Rote Beten
   Geräucherte Eier mit Halloumi 106
rote Vogelmilbe 26
Rouladen 164
Rupfen
   Enten 55, 56, 57
   Gänse 63
   Hühner 33, 34, 35
   Truthühner 88

Sahne
   Biskuitkuchen aus Enteneiern 112
Salat
   Caesar Salad mit Hähnchenbrust 144
   Der ultimative Putenburger 162
   Geräucherte Eier mit Halloumi 106
   Salat mit Gans & Stachelbeeren 130
   Salade niçoise 98
Salbei
   Fried Chicken 140
   Gänsebraten 120
   Geschmorte Ente mit Erbsen 132
Sardellen
   Caesar Salad mit Hähnchenbrust 144
   Salade niçoise 98

Satay-Sauce
   Hähnchenspieße Satay 158
Sauce hollandaise
   Eier Benedict 102
Schädlinge
   Enten 48
   Gänse 68
   Hühner 26
   Truthühner 82
Schalotten
   Geschmorte Ente mit Erbsen 132
scharren 12
   Enten 40
   Hühner 25
Schinken
   Eier Benedict 102
Schlachten
   Enten 54
   Gänse 63
   Hühner 32
   Truthühner 88
Schlüpfen
   Enten 52
   Gänse 72
   Hühner 30, 31
   Truthühner 86
Schnittlauch
   Gänseleber mit Cidre 168
Schwarzkopfkrankheit 82
Schweineschmalz
   Entenconfit 148
Sesam
   Entenschenkel mit Mangosalsa 142
   Hähnchenspieße Satay 158
   Puten-Curry 126
Sitzstangen
   Enten 44
   Hühner 18, 20, 22, 26

Truthühner 76
Sojasauce
   Entenschenkel mit Mangosalsa 142
   Fried Chicken 140
   Hähnchenspieße Satay 158
Speck
   Caesar Salad mit Hähnchenbrust 144
   Der ultimative Putenburger 162
   Eier Benedict 102
   Füllung 115
   Geschmorte Ente mit Erbsen 132
   Hühnchenleberpâté 166
Spinat
   Pizza mit Entenei 104
Sporne 18
   Verletzung 27
Stachelbeeren
   Salat mit Gans & Stachelbeeren 130
Ställe 12
   Entenhaus 40, 44, 45, 49
   Gänsehaus 64, 65
   Hühnerstall 18, 19, 22, 23
   Putenstall 80, 81
Staubbad 18
Steckrüben
   Gemüsebratlinge mit Truthahn 122
Strohballenhaus 65

Teich 14
   Enten 40, 43, 44, 46
   Gänse 67
Temperatur 14
Thunfisch
   Salade niçoise 98
Thymian
   Entenconfit 148

Gänsebraten 120
Geschmorte Ente mit
   Erbsen 132
Putentöpfchen 128
Quiche mit Ziegenkäse
   & karamellisierten
   Zwiebeln 108
Tiefstreusystem 81
Tomaten
   Salade niçoise 98
Truthahnkot 79, 81, 82
Truthahnrassen
   Bourbon Red 79
   Cambridge-Bronze-
      puten 79
   Jersey-Buff 79
   Narragansett 79
   Norfolk Black 79
Truthahnrezepte
   Der ultimative Puten-
      burger 162
   Gemüsebratlinge mit
      Truthahn 122
   Puten-Curry 126
   Putentöpfchen 128
   Truthahnbraten 119
   Truthahnconfit 149
   Truthahnpastetchen 124
Truthühner 74–89

Wasser
   Enten 43
   Gänse 63
   Hühner 21
   Truthühner 79
Wegfliegen
   Enten 48
   Gänse 69
   Hühner 26
   Truthühner 82
Wein
   Geschmorte Ente mit
      Erbsen 132
   Salat mit Gans & Sta-
      chelbeeren 130

Truthahnpastetchen 124
Weinbrand
   Hühnchenleberpâté 166
Worcestersauce
   Caesar Salad mit Hähn-
      chenbrust 144
   Fried Chicken 140
Würmer 68
Würstchen
   Geschmorte Ente mit
      Erbsen 132

Zaun
   Elektrozaun 25, 81
   Enten 43, 48
   Hühner 18, 20,
      24–26
   Truthühner 81
Ziegenkäse
   Quiche mit Ziegenkäse
      & karamellisierten
      Zwiebeln 108
Zimt
   Der ultimative Puten-
      burger 162
Zitrone
   Caesar Salad mit Hähn-
      chenbrust 144
   Der ultimative Puten-
      burger 162
   Füllung 115
   Hähnchennuggets mit
      Pfeffer 160
   Hähnchenschnitzel mit
      Kraut 156
   Hühnchenleber 115
   Rouladen 164
   Salade niçoise 98
Zitronengras
   Puten-Curry 126
Zitronenthymian
   Caesar Salad mit Hähn-
      chenbrust 144
   Hähnchennuggets mit
      Pfeffer 160

Zwiebeln
   Der ultimative Puten-
      burger 162
   Frittata 110
   Gänsebraten 120
   Geschmorte Ente mit
      Erbsen 132
   Hähnchenspieße Satay
      158
   Kräftige Hühnersuppe
      146
   Quiche mit Ziegenkäse
      & karamellisierten
      Zwiebeln 108
   Salade niçoise 98
   Truthahnpastetchen 124

BILDNACHWEIS

Herausgeber: Stephanie Jackson
Managing Editor: Clare Churly
Lektorat: Annie Lee
Artdirector: Jonathan Christie
Design: Jaz Bahra
Illustratoren: Charlotte Strawbridge, James Strawbridge
Fotos: Nick Pope
Stylistin: Alison Clarkson
Küchenassistent: Jim Tomson
Production Controller: David Hearn

Alle Fotos © **Nick Pope** mit Ausnahme der folgenden:
Alamy Arndt Sven-Erik/Arterra Piture Library 70; E. Westmacott 73; Gary K. Smith 69; Helmut Meyer zur Capellen/imagebroker 49 (oben); Juniors Bildarchiv 29; Karen Appleyard 52 (unten); Lyndon Beddoe 47; Photolocate 71; Richard Mittleman/Gon2Foto 84. **Corbis** Lars Langemeier/AB 31; Robin Loznak/ZUMA Press 87 (unten); Steve Maslowski/ Visuals Unlimited 50. **FLPA** Cyril Ruoso/Minden Pictures 72; ImageBroker 77 (unten rechts); Patricio Robles Gil/Minden Pictures 83 (links). **Flyte so Fancy Ltd** www.flytesofancy.co.uk 85. **Fotolia** eagle 51a. **Getty Images** Photolibrary/Anthony Blake 89 (unten). **Photoshot** ErnieJanes/NHPA 48. **Science Photo Library** Robert Llewellyn/AgstockUSA 87 (oben). **Strawbridge Family Archive** 19 (oben links, oben rechts und unten rechts), 24 (rechts), 25, 41 (oben rechts und unten links), 42 (oben rechts und unten rechts), 46 (unten), 51 (unten), 52 (oben), 67, 77 (oben links), 81, 83 (rechts), 89 (oben). **Thinkstock** AbleStock.com 42 (oben links); Hemera 13 (oben), 26, 27, 41 (oben links und unten rechts), 42, 46 (oben), 61 (oben rechts und unten links), 62 (alle), 68, 77 (oben rechts und unten links), 78 (alle), 82.

Fonds: **Fotolia/**Monica Butnaru; **Thinkstock/**iStockphoto

Illustrationen: **Charlotte Strawbridge** 16, 38, 58, 74, 90; **James Strawbridge** 23, 31, 65, 81.